KB261247

월세의 신

월세의 신

초판 1쇄 펴낸 날 | 2014년 4월 30일

지은이 | 이성용
펴낸이 | 이금석
기획·편집 | 박수진
디자인 | 강한나
마케팅 | 곽순식
경영 지원 | 현란
펴낸 곳 | 도서출판 무한
등록일 | 1993년 4월 2일
등록번호 | 제3-468호
주소 | 서울 마포구 서교동 469-19
전화 | 02)322-6144
팩스 | 02)325-6143
홈페이지 | www.muhan-book.co.kr
e-mail | muhanbook7@naver.com
가격 13,000원
ISBN 978-89-5601-371-8 (13320)

월세의 신

이성용 지음

무한

지금까지 수백 건의 컨설팅을 해왔습니다. 자산취득과 수익실현으로 과실을 보는 경우가 대부분이지만, 예상치 못한 변수들과 싸워야 하는 경우도 많았습니다. 3000만 원으로 시작하는 투자법부터 100억 이상의 대형 물건들에 대한 분석과 구입 그리고 수익실현에 이르기까지 그 과정 속에서 느낀 현실적 이야기들을 담아내고자 했습니다. 따라서 이 책은 수익형 부동산에 관한 이야기를 다루고 있지만, 학문적 관점에서 다가가는 이론서적이나 부동산을 운용하며 맞닥뜨리는 문제를 해결해줄 수 있는 법률서적이 아닙니다. 필자는 법학을 전공하지도 않았고, 당연히 변호사도 아닙니다. 또 부동산학 박사과정을 밟지도 않았습니다.

그럼에도 불구하고 이 책을 쓴 이유는 부동산학과 법학을 전공하지 않은 한 개인이 부동산 투자와 컨설팅을 하면서 부딪쳤던 좌충우돌 이야기도 나름대로 독자들에게 도움이 될 것이라는 믿음 때문입니다. 단, 지금까지 투자와 관련된 많은 서적 중 마치 '무협지'를 떠올리게 만드는 무용담과는 많이 다를 것입니다. 부동산 투자를 단 한 번도 해보지 못한 초보자라 할지라도 이해하고 따라할 수 있도록, 고민 끝에 풀어 쓴 가장 쉬운 단어로 수익형 부동산 관련 서적 10여 권을 합친 내공을 담기 위해 각고의 노력을 기울였습니다.

첫 번째로 출판되었던 《경매의 신》이라는 책으로 많은 사랑을 받았던 것을 잊지 않고, 거기에 부응할 만한 내용으로 보답하고픈 마음이 컸습니다. 그래서 부동산 투자를 하기에 앞서 필요한 가치관을 심어주기 위해 노력했고, 500만 원부터 저자와 함께 스텝 바이 스텝으로 임대수익과 함께 자본수익의 파이로 10억 원까지 만들어 나가는 시뮬레이션 과정이 한눈에 보일 수 있도록 했습니다.

저는 운이 좋았던 것 같습니다. 제 실력이 조금은 과장되어 소문이 나기 시작하면서 신문이나 잡지에 기고를 하고, MBC와 SBS와 같은 매체에서 부동산 관련 프로그램에 참여할 수 있는 기회들이 주어졌기 때문입니다.

이어 《경매의 신》을 출간하면서 좋은 분들을 참 많이 만났습니다. 자산관리회사의 대표님들이나 각 부동산연구소의 소장님, 그리고 많은 제도권 전문가뿐만 아니라 여러 언론과 사회단체를 이끌어가는 이들과 실제 투자에서 큰 성취를 이룬 전문 투자자들을 두루 만날 수 있었고, 그 과정에서 내 오류를 계속 수정해 나갈 수 있었습니다.

유목사회에서는 말이나 양을 많이 가진 자가 부자였고,
농경사회에서는 땅을 많이 가진 자가 부자였습니다.
지금 우리가 살고 있는 이 시대의 부는 바로 금융지식의 힘입니다.
여러분이 부동산을 택한다면 반드시 부가가치의 개념과 수익실현 방법을 습득해야 하며, 이 부가가치는 한 자산 안에서 나오는 매월 고정적인 임대수익이 대표할 것입니다.

수익형 부동산 상품의 진실과 현실감각을 익혀 목표한 부를 이루어 나가시길 바랍니다.

마지막으로 그동안 내게 좋은 가르침을 준 많은 이들에게 진정 어린 감사를 드리고 싶습니다. 많은 영감을 주고 특히 책 일부에 소중한 자료를 사용하도록 기꺼이 허락해 주며 인터뷰에 응해주신 문상철 교수님, 책을 집필하기 위해 글감옥에 갇혀 고통스러워하는 나에게 집필에만 집중할 수 있도록 해준 우리옥션 직원들, 조용주 변호사님, 1년간 긴 도움을 준 중소기업진흥공단의 정창모 위원님, 이 책을 낼 수 있게 도와주신 무한출판사 대표님, 그리고 집필하느라 신경을 많이 못 써준 가족들의 도움에 진심으로 존경과 감사의 인사를 드립니다.

—이성용

목차

월세 부자가 되기 전에 반드시 알아야 할 것

※ ★은 난이도 표시입니다.

★★★★★
★★★★☆
★★★☆☆
★★☆☆☆
★☆☆☆☆

2014년 이후 부동산, 이것만은 반드시 알아야 해!

1. 박근혜 정부 리디노미네이션(화폐 호칭단위 절하) 지속적 검토

만약 1000분의 1로(1000원이 1원으로) 리디노미네이션이 된다고 했을 때 동일비율로 6억 원 아파트는 60만 원이 된다. 6억 원 아파트가 7억 원으로 오르는 것은 어렵지만, 화폐환상으로 60만 원 아파트는 70만 원으로 쉽게 오를 수 있다. 그래서 한편에서는 리디노미네이션이 이루어질 때 부동산의 투자 시점이라는 말도 있지만, 부동산 자체의 호황을 의미하는 것은 아니다. 하지만 이 개념 자체만은 기억해두길 바란다.

2. 중산층의 붕괴와 하우스푸어 – 보수적 투자가 답이다.

지금 시기에 월세수익을 높이겠다고 무작정 대출받아 부동산을 구입해서는 안 된다. 부동산 버블이 붕괴되는 시점에서는 기다렸다가 한 단계 더 낮은 가격으로 구입하는 것이 합리적이다. 부동산 버블이 붕괴된 혹은 붕괴되고 있는 부동산을 안정적(보수적)으로 구입하는 것이 가장 좋으나 일반 매매로는 어렵다. 왜? 현재 자산 소유자들은 하락한 부동산 가격에서 조금 더 낮은 가격으로 매도할 만큼의 용기를 가지고 있지 않기 때문이다. 그렇다면 정답은? 짐작했겠지만 법원 경매다. 아니나 다를까, 현재 경매시장은 에어컨을 사방으로 켜 놓아도 땀이 날 정도로 붐비고 있다. 당신은 어떻게 판단하는가?

3. 쉽게 되팔 수 있는 부동산이 아니라면 손대지 마라.

대한민국 주택보급률이 100%를 초과한 지는 이미 오래 전이다. 인구구조 변화와 저출산율을 감안한다면 결과적으로 수익률과 환금성 면에서 우수한 물건을 택해야 한다. 매수수요는 수도권과 역세권의 주변을 벗어나면 눈에 띄게 줄어든다. 당연한 말이지만, 환금성이 떨어지는 물건치고 월세수익과 회전율이 좋은 물건은 본 적이 없다. 임대수익률이 20%이고 임대회전율이 낮은 물건보다, 임대수익률을 7~8%를 유지하면서 공실 없이 회전율이 높은 물건이 장기적으로 3~4배 유리하고, 환금성도 뛰어나다. 장기보유 시 전자의 자산보다 더욱 많은 수익률을 기록할 수 있을 것임도 확신한다.

4. 지식산업센터 눈여겨보아라.

지식산업센터란 '아파트형 공장'의 새로운 이름이다. 현재 대형 건설사들도 아파트형 공장 건립에 속속 뛰어들고 있고, 초보자들의 걸음마 물건이자 대중들의 큰 사랑을 받고 있는 오피스텔이나 도시형 생활주택보다 오히려 큰 수익률에 안정적인 환금성과 회전율이 보장되기 시작했다. 궁금하면 지금 당장 경매시장의 아파트형 공장 물건을 하나 찍어 현장조사를 하고 수익성을 판단한 뒤, 낙찰가를 지켜보길 바란다. '오호라, 수익성 괜찮구나!'라는 말이 자연스레 나올 것이다. 지식산업센터를 취득하기 위한 요령과 유의점은 '4부'에 소개해 놓았다.

5. 충청권과 세종시 부동산 이제 진짜 시작이다.

충청권과 세종시 부동산은 아파트보다 토지와 상가, 원룸이 수익률 면에서 효과적이다. 박근혜 정부가 가장 적극적으로 개발사업을 추진하는 곳이 충청도다. 박근혜 정부가 끝날 때까지 세종시를 포함한 충청권의 부동산 상승세는 쉽게 꺾이지 않을 것이다. 이 또한 현재의 일반시세로 구입하는 것이 아닌 법원경매를 통해 현재의 시세 이하로 낙찰받기를 바란다. 뒤늦게 구입하였어도 과거에 구입이 가능했던 가격에 말이다.

6. 전세가율이 높은 주택을 1순위로 두고, 투자대상물을 찾아라.

준공 연도가 오래된 아파트보다 신축에 가까운 아파트일수록 전세가율과 수익률 모두 높다. 지금과 같은 불황기에는 내재가치가 높은 도심권 주택으로 선택하기를 가급적 권유하며, 전세가가 높다는 것은 월세로 환원했을 때 그만큼 임대수익률이 높게 나온다는 것을 뜻하고 있음을 잊지 말기 바란다. 최근 3년간 광주, 대전, 울산, 오산, 평택, 이천 등 지방 아파트가 큰 폭으로 오른 이유를 생각해보자. 그 이유는 산업단지 효과 외에도 전세비율이 높았기 때문이다. 이런 지역들은 주택시장 회복 시에도 반등 속도가 다른 지역보다 월등히 빠를 것이다.

7. 장기 보유를 하면서 지속적 임대수익을 하고 싶으면 도심으로 가라.

앞으로 빈부 격차가 더욱더 커질 것이라고 생각한다면 서울의 약 30만 가구가 살고 있는 강남, 서초, 송파, 목동, 여의도에 투자하고, 경기도의 약 30만 가구가 살고 있는 5대 신도시 분당, 일산, 평촌, 산본, 중동에 투자하기를 바란다. 참고로 경기도에서 더 이상 새로운 신도시는 나오기 힘들다. 현재 경기도에 약 400만 평의 택지개발을 추가하였다. 신도시 개발이 가능할 것이라고 보는가? 안타깝게도 그럴 땅은 없다. 참고하길 바란다.

8. 일자리가 줄어드는 곳에 월세수익을 보자고 투자하면 안 된다.

항상 기억해야 한다. 기업이 들어오면 동네는 달라지고 부동산 시세와 월세수익 그리고 환금성은 자연스레 올라가며 유지된다. 국민은행 시세를 바탕으로 분석해 보아도 대기업이나 대규모 산업단지가 형성된 일부 지역은 부동산 침체에도 집값이 상승한 것을 확인할 수 있다.

전 세계적으로 일자리를 통해 중산층을 늘리는 것에 초점이 맞춰져 있기 때문에 산업단지와 비산업단지의 집값 차이는 앞으로도 극명하게 벌어질 것이니 흥미진진하게 관람해보길 바란다. 독자분들도 산업단지의 영향으로 인한 시세와 월세수익의 상승을 직접 확인해보고자 하면 2012년도 천안 공업단지, 천안 유통단지, 천안 제3일반산업단지, 백석 산업단지, 천안 제2산업단지, 천안 제4지방산업단지 등 주변의 아파트가격 상승요인을 체크해 보기를 바란다.

추진 중인 산업단지

지역명	해당 기업	부지조성 투자	완공시기	고용인원
평택고덕산단	삼성	2조 2762억 원	2015. 12	4만여 명
평택진위 2산단	LG	1조 1000억 원	2016. 12	2만 5000여 명
서초 우면동 R&D센터	삼성	–	2015. 5	1만여 명
미국산업단지	LG, 코오롱	2조 6000억 원 이상	2020	1만 4000여 명

9. 외곽으로 갈수록 깡통부동산(하우스푸어)이 될 위험이 높다.

주택시장의 침체가 위기상황에 도달했거나, 향후 시장상황이 급변할 가능성이 있는 곳은 바로 파주, 인천경제자유구역 중 청라·영종지구·용인 등이다. 수도권 외곽의 열악한 입지조건을 가진 대형 평형 밀집지역은 각별히

주의 깊게 관찰해야 한다. 다시 정리하면 기반시설이 부족한 지역은 피하고, 경매를 통해 확실히 낮은 가격에 낙찰받아야 전반적으로 거래량이 부족해도 월세수익과 환금성에서 유리할 수 있다.

결론적으로 도심으로 가라는 이야기인데, 도심 중에서도 신도시 상가는 찬바람이 '쌩쌩~' 불고 있으니 경매물량으로 상가가 나왔다면 각별히 더욱 조사를 밀도 있게 하고 낙찰가에 민감하게 고민하라.

소액투자로 임대수익이 무의미한 이유

고수가 아니라면 종잣돈 1000만 원 이하로 부동산 투자를 한다면 1차적으로는 말리고 싶은 마음이 앞선다. 최대한 대출을 받아 부동산을 구입한다면 양도차익을 목적으로 투자행위를 할 수밖에 없는데, 현실적으로 매매가 잘되려면 물건 자체의 퀄리티가 좋아야 한다. 말하자면 종잣돈 500만 원으로 반지하 빌라를 3000만 원에 낙찰받아 경락잔금대출로 부족한 현금을 채워 매매를 한다고 가정하면 보나마나 그 가치는 하락될 것이다. 직장인이나 학생이 월세 또는 전세로 거쳐 갈 수는 있어도, 그 부동산을 매매하여 거주하고자 하는 사람은 흔치 않을 것이다. 그렇다고 임대수익의 관점에서 투자할 수 있는 것도 아니다. 수치상 임대수익률 25%가량의 물건이면

'대박이다!'라고 할 수 있지만 그 투자는 실패할 확률이 높다.

미안하지만 3000만 원에 낙찰받아 대출이자 80%에 대해서 월 이자를 납부하고 나면 그 25%의 수익률은 고작해야 술 한잔 마실 수 있는 돈이다. 엎친 데 덮친 격 물건 퀄리티가 낮은 만큼 각종 수선비용이 수시로 들어간다면 최악의 시나리오가 나온다. 결국 골칫덩어리처럼 가지고 있다가 매매가 되지 않아 종잣돈이 묶여만 있으니 부자의 꿈은 점점 멀어져간다. 그저 술 한잔 마실 돈이 나오는 25%의 수익률을 보며 정말 소주 한잔으로 자신을 위로해야 하는 것이다.

그렇기 때문에 저자는 최소 소액투자자의 자본금을 3000만 원으로 권유를 한다. 3000만 원으로 양도차익을 목적으로 '1억 만들기 계획'을 세워야 할 것이다. 만약 초기자본금이 3000만 원 이하라면 더욱 열심히 일하여 잉여자산을 만들기를 적극 추천하지만, 그래도 '단돈 500만 원으로 투자해 빨리 3000만 원을 만들고 싶다'라는 결심을 한다면 자연스레 공격형 투자가 되기 때문에 리스크를 극복해낼 수 있는 공부를 하여 실력을 우선 갖추어야 할 것이다. 이 세상에 안전하고 높은 수익률은 없다. 이에 대한 자세한 내용은 '3부'에서 구체적으로 다루었다.

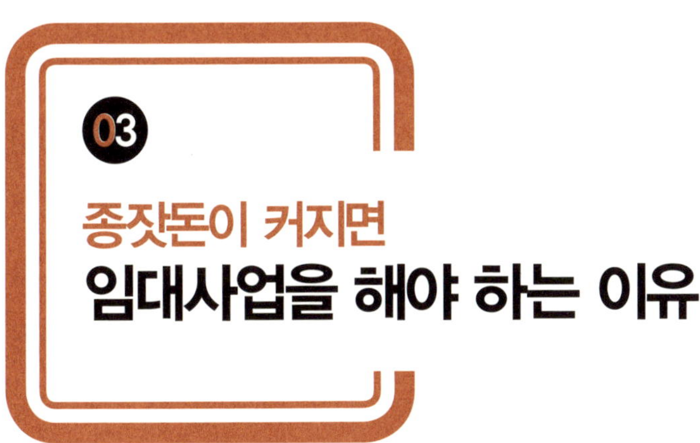

종잣돈이 커지면
임대사업을 해야 하는 이유

얼마나 높은 수익률을 올릴 것인가는 해답이 아니다. 자산투자의 포인트만 이야기 해보려 한다. 부동산 투자를 하고자 하는 독자는 꼭 자산투자에 대한 큰 그림과 논리를 이해해야 할 것이다.

1. 통제가능 범위에서 지속적 수익을 올릴 수 있는 방법

지금의 자산투자에서의 해답은 수익률밖에 없다. 아니면 도둑질을 하든가. 그래서 내가 '정상적인 방법으로 돈을 벌 수 있는 것은 수익률뿐이다'라고 생각하고 나면 또 하나의 딜레마가 생긴다.

과거 대한민국은 코스피 50%가 상승했고, 코스닥은 100% 수익률이 났다. 또한 3년간 아파트 가격 3배, 땅 가격 10배가 올랐으며, 금덩어리든 비소, 카드뮴, 망간, 수은까지 사두기만 하면 올랐다. 고도성장기에서 쇠퇴기에 들어서기 전까지는. 이런 수익률에 익숙해져 자산시장을 바라보면 금방 자신도 부자가 될 수 있을 것 같은 느낌이 든다. 하지만 그것도 잠시 주식시장은 물론이고 부동산시장까지 하락세를 치고 있다. 2013년 부동산 경매물건이 역대 최대 물량을 기록할 만큼 말이다. 깡통부동산들이 줄줄이 나온 이유이기도 하다.

현재 '수익률밖에 믿을 수 있는 것이 없다'는 것에 대해 동의한다고 가정한다면 '수익률'이라는 단어 자체가 아니라 '수익률을 어떻게 올리고 관리할 것인가'에 포커스를 맞추어야 한다. 그러기 위해 10%, 15%, 20%씩 높은 수익률을 올릴 수 있는 방법을 끊임없이 찾아다니면서 주식투자를 하든 부동산 투자를 하든, 재테크 강의에서 고수가 콕 짚어주는 부동산을 사든, 경제신문을 샅샅이 파헤쳐 가장 좋은 수단을 선택해 투자한다면 금방 부자가 될 수 있을까? 물론 맞다.

실제 주식을 사면 주식시장이 오르고 주식을 팔면 그때부터 떨어지고, 부동산을 사면 그때부터 폭등하는 일을 경험할 수도 있다. 하지만 대부분의 경우, 전문가의 말을 듣고 일반인들이 투자했을 때 상황은 반대로 흘러간다. 그렇다면 수익률을 어떻게 관리하고 통제할 것인가. 사람들은 대부분 '평균'이라는 말을 좋아하지 않는다. 이 때문에 얼마나 큰 수익률을 올릴 수 있는가에 대해서만 우리는 집착을 한다.

하지만 이 '평균'이라는 말이 재테크에 있어서 얼마나 무서운 것인지 알고 있는가? 실제로 자산투자를 통해 부자가 되는 가장 확실한 방법은 통제 가능한 범위 안에서 안정적이고 지속적인 수익을 올리는 것이다.

세계 2위 부자 워런 버핏을 모르는 사람은 없을 것이다. 그런데 그는 지난 40년간 단 한 차례도 상위 30% 이내에 들어가는 수익률을 기록해본 적이 없다. 그러면 어떻게 큰 부를 축적했을까? 지난 투자기간 동안 작은 흑자는 있었지만, 단 한 차례도 수익률이 마이너스로 간 적이 없었다. 그래서 연 단위 기준으로 보면 워런 버핏보다 훨씬 높은 수익률을 기록한 사람들이 하늘의 별처럼 많았지만, 결과적으로 그가 소유한 부는 비교도 할 수 없이 크다.

방법은 하나! 지속적이면서도 통제 가능한 범위 내의 수익은 재테크를 하는 데 절대로 손에서 놓아서는 안 될 가장 중요한 화두가 되어야 한다. 얼마나 큰 수익률을 내느냐가 아니라 지속적이고 안정적인 수익을 내야 한다. 역사상 가장 안정적이고 높은 수익률을 기록했던 수단은 첫 번째로 복리예금을 드는 것이었고, 두 번째가 채권투자, 세 번째가 부동산 투자, 네 번째가 주식투자였다.

2. 부가가치를 이해하자.

과거 삼성전자 주식이 한 주당 3만 원이었고, 지금은 주당 60만 원으로 20배가 올랐다. 같은 기간 강남아파트 가격이 3.5배를 올랐다면 우리는 이렇게 이야기한다.

"삼성전자가 훨씬 많이 올랐네."

미국 주식시장에서 살아남은 기업들이 준 배당은 평균 3%였고, 살아남은 기업들의 연간 순이익 증가치 역시 평균 3%였다. 결국 평균 6%의 수익률로 평균 5%인 은행금리보다 1%가 남는 장사였다.

'100원 하던 것이 1만 원이 된 것'이라고 가정해보자. 보유하고 있는 기간 동안 매년 배당으로 뱉어 낸 그 3%가 누적되었다면 실제로 주식의 가격과는 비교도 되지 않는 자산을 이루고 있는 것이다. 워런 버핏은 그렇게 부자가 된 것이다.

이 원리를 부동산에 대입해보자. 50년 전에 동네 야산을 하나 샀는데 야산이 20배가 올라서 이번에 팔리면 대개 이렇게 이야기한다.

"20년 전 예금에 들었을 때보다 지금 수익률이 더 커. 내가 옳았어."

과연 그럴까? 솔직히 말하면 사실 이것은 바보짓이다. 만약 상가임대용 빌딩이나 근린주택건물을 토지와 함께 일괄로 한 채 사서 10년 동안 보유하고 있다가 그 사이 금리보다 높은 금액으로 팔렸다면, 실제 가격에서도 이익이 남고 임대료 수익을 지속적으로 남겼기 때문에 '투자+a'를 챙긴 것이다. 야산이나 공터를 보유하고 있다가 수익률 없이 가격만 올랐다면 그것은 부가가치가 제로이다. 그만큼 부가가치의 여부는 중요하다.

예를 들어 강남의 모아파트가 평당 5000만 원이 넘어서면서 10년 전 매매한 가격보다 3배가 올랐다. 하지만 이 아파트를 유지하는 데 금리비용만 월 500만 원이 든다면? 아파트값이 올랐다고 자화자찬할 수 있겠지만 이분은 엄청난 손실을 본 것이다. 오히려 역부가가치를 비용을 발생시킨 것이다. 실제로 같은 종잣돈을 가지고 부가가치를 발생시킬 수 있는 기회를 스스로 박차버린 것이다. 지금 20~30억짜리 아파트를 투자라는 관점에서 '앞으로 부동산 가격이 더 오를 거야' 하며 보유하고 있는 것은 재테크 부가가치의 관점에서 보면 지극히 어리석은 게임을 하고 있다는 것이다. 그럼에도 불구하고 아직도 부동산 투자를 '가격 상승'의 관점에서만 바라보고 있기 때문에 착시현상을 겪는 것이다.

기간에 따른 다양한 투자 수익률을 분석하다 보면 재미있는 현상을 발견할 수 있다. 단기적으로 보면 주식이 많이 오른 해, 부동산이 많이 오른 때, 채권 투자가 많이 남는 해가 모두 다르다. 하지만 장기간(20~30년) 동안의 수익률을 보면 세상의 자산가치는 모두 오른다.

역사적으로 현물, 주식, 채권, 부동산 등의 30년 투자수익률이 정점에서 똑같이 만난 해가 한국에서는 2005년 말이었다. 세계적으로도 이러한 현상을 보였던 것은 '가격'에 대해 다시 한 번 생각해보게 만들었다. 결국 소위 말하는 투자행위를 하였을 때 '투자행위의 평균수익률은 거의 같다'라는 결론을 내리게 된다.

이렇게 세상의 모든 투자수익률은 평균으로 다시 회귀하게 되어 있고, 인간의 모든 행위는 성공과 실패를 반복하게 된다. 투자를 잘하다가도 몇 번 실패하면 결과적으로 수익률이 평균치밖에 가지 못하기 때문에 이런 결과가 생기는 것이다.

투자에 있어서 가장 좋은 수단은 없다. 근본적으로 가지고 있는 모든 자산은 가격이 오른다는 전제에서 생각하면 된다. 이것이 바로 인플레이션이다. 우리는 인플레를 나쁜 것이라고 생각하지만 사실 인플레만큼 내 주머니 자산은 늘어나게 되어 있다. 인류가 처음 가진 자산은 돌도끼가 전부였다. 하지만 세상이 바뀌면서 농경지가 생기고, 건물을 짓고, 지금과 같은 공장도 생기고, 도로도 생기고, 통신망까지 생겨난 것처럼 인간이 지구상에 살아가는 한 자산은 계속 늘어나고 자산이 늘어나는데 그 크기가 바로 인플레 증가율이다.

'인플레로 내가 가진 모든 자산의 가치는 늘어난다'는 것을 바탕으로 하면 재테크는 지극히 단순해진다. 꼭 주식을 할 필요도 없고 부동산을 할 필요도 없다. 기분 나쁘면 망간이라는 금속이라도 하나 사서 20년간 가지고 있어 보아라. 결과를 보면 주식투자를 한 사람이나 부동산 투자를 한 사람이나 망간을 산 사람이나 '똑같네' 하는 시간이 반드시 나타난다. 이것이 바로 자산의 원리이다.

이제 목표는 간단해졌다. 평균으로 회귀하는 힘을 가진 자산투자 시장에서 평균 이하로만 가지 말자. 그러면 결과적으로는 평균 이상의 수익률을 낼 수 있다. 굉장히 어이없는 결론이지 않은가?

'평균 이하만 하지 말자.'

이것이 현실적인 대안이다. 하지만 나는 이 책에서 부동산을 이용해 부가가치(임대수익)와 경매제도를 통해 다른 사람들이 누리지 못하는 엄청난 누적수익률을 누릴 수 있는 방법들을 전제로 두고자 한다.

04

퇴직금으로 절대 하지 말아야 할
수익형 부동산은?

은퇴 후 30년, 평균수명이 길어지면서 노후에 대한 불안함은 갈수록 커지고 있다. 개인의 경제가 적신호인데다가, 대학생을 대상으로 조사한 결과 80%가 '부모를 부양할 마음이 없다'라고 답했다고 한다. 그래서 상황 파악이 빠른 분들은 은퇴를 앞두고 혹은 은퇴를 하자마자 어떻게든 기반을 준비하려고 창업설명회도 기웃거려보고, 수익성상품 콕콕 짚어준다는 재테크 교실도 가본다. 하지만 오히려 어설픈 정보로 큰 실수를 하는 분들이 굉장히 많다.

다음은 수익형 부동산에 잘못된 방법으로 투자해 큰 손해를 볼 뻔했던 한 회원의 사례다.

"퇴직금 3억으로 노후를 위해 수익형 부동산에 투자하고 싶습니다. 나름 고민해서 물건을 하나 찾아왔는데 분석 부탁드립니다."

시세	임대료	회원 예상낙찰가
150,000,000원	2,000/40만 원	110,000,000원

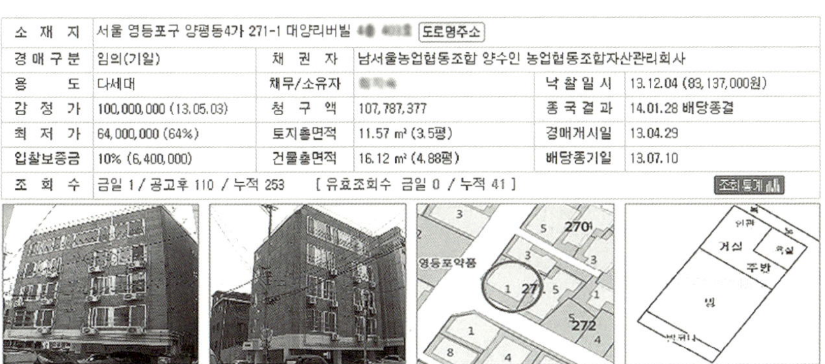

소 재 지	서울 영등포구 양평동4가 271-1 대양리버빌 ●● ●●● [도로명주소]				
경 매 구 분	임의(기일)	채 권 자	남서울농업협동조합 양수인 농업협동조합자산관리회사		
용 도	다세대	채무/소유자	●●●	낙 찰 일 시	13.12.04 (83,137,000원)
감 정 가	100,000,000 (13.05.03)	청 구 액	107,787,377	종 국 결 과	14.01.28 배당종결
최 저 가	64,000,000 (64%)	토지총면적	11.57 ㎡ (3.5평)	경매개시일	13.04.29
입찰보증금	10% (6,400,000)	건물총면적	16.12 ㎡ (4.88평)	배당종기일	13.07.10
조 회 수	금일 1 / 공고후 110 / 누적 253 [유효조회수 금일 0 / 누적 41]				조회통계

"영등포에 있는 작은 빌라인데 월세 2000/40만 원이 나옵니다. 제가 나름 예상해본 낙찰가 대비 임대수익률(월세)이 꽤 많이 나와서 이런 상품을 투자하고 싶은데 괜찮을까요?"

여러분은 이 질문에 어떤 답을 해주고 싶은가? 회원은 공무원을 정년퇴직하고 퇴직금을 연금이 아닌 일시불로 모두 받아 투자하고자 하는 분이다. 나의 생각은 이렇다.

Q 2000/40이 월세로 나오는 부동산에 투자한다면 수치상으로는 수익성이 높게 느껴지더라도 실제 현금으로 받았을 때 생활이 될 것인가?

A 아니오.

이런 방식으로 투자를 하고자 한다면 최소 10채 정도는 보유할 수 있어야 노후를 따뜻하게 보낼 수 있을 것이다. 자, 본격적으로 문제점을 찾아보자.

1. 흰머리가 늘어갈 것이다.

10채를 투자했다고 가정하자. 아마 수명이 줄어들 것이다. 왜?

첫째, 일주일에 한 번씩 돌아가면서 수리해달라는 요청이 들어와 비용이 지속적으로 나갈 것이다.

둘째, 소형평수의 빌라의 경우는 월세를 제대로 내지 못하여 집주인을 속 썩이는 경우가 허다하기 때문에 매번 법원에 지급명령신청을 하러가거나, 1~2년에 한 번씩은 명도소송까지 접수하기도 하고 소송에서 승소한다고 하더라도 그동안의 대출이자와 미납된 월세를 제대로 받지 못하는 경우가 허다하다.

결국 노후의 편안함을 추구하려 했던 목표는 이루지 못하고 흰머리만 늘다가 어쩌면 장수하기 힘들 수도 있다.

2. 쓸모없는 대지권

대지권이 3평이라는 것은 아예 토지에 대한 혜택이 없다고 보아야 한다. 만약 토지 전체를 함께 가지고 있는 근린주택에 투자했다면 토지는 건물과 같이 감가상각 대상이 아니며, 주변 환경 변화에 따라 가격이 상승할 여지가 충분히 있다.

또 장기적으로 20년 이상 보유하고 뒤를 돌아봤을 시 연 인플레 4.8%로 계산해보아도 인플레를 방어하고도 남을 만큼 가격은 올라가 있을 것이다. 동시에 임대수익까지 매월 부가가치가 발생하기 때문에 결과적으로 주식, 채권, 달러, 금 등의 투자의 평균수익률 이상은 기록할 수 있다. 하지만 대지권 3평은 위 물건 빌라 전체 호수를 전부 매입하지 않는 이상 큰 의미가 없고 혜택도 없을 것이다.

3. 건물의 감가상각

건물은 감가상각 대상이다. 시간이 지날수록 가격은 하락하며, 그에 따른 월세수익도 당연히 지속적으로 하락하게 된다.

4. 매매하기 힘들다.

실평수 5평에 대지권 3평의 빌라는 전·월세로 잠시 거쳐 가는 주택이지 매입하여 내 집 마련하고자 하는 수요는 거의 없다. 자신이 영원히 싱글로 혼자 살 것이고, 코앞에 있는 회사가 영원히 망하지 않을 것이라는 보장하에 뼈를 묻을 각오를 해도 이 집을 매입하고자 결심하는 사람은 거의 없다. 결국 가격은 하락하고 매매도 안 되는 물건이 되는 것이다.

이러한 부동산을 몇 채 더 사서 임대수익을 내면 당장은 괜찮겠지만, 자신이 앞으로 30~40년은 더 소비생활을 할 것이라는 측면에서 보면 지극히 부동산에 대한 이해가 없는 투자이다. 특히 퇴직금으로 노후를 준비하는 사람으로서 말이다. 이런 분들에게 권하는 물건은 토지 전체와 건물을 함께 매입하는 투자이다. 근린주택, 근린상가, 다가구건물 등을 통해 임대수익을 보장받으면서 미래 양도차익까지 충분히 올릴 수 있는 물건으로 하는 것이 유리하다. 부동산을 통해 평균 이상의 수익을 기록하고자 한다면 감가상각만 되는 건물만 가지고 있어서는 힘들다. 감가상각이 없는 토지가 뒷받침 되어야 한다. 항상 잊지 말자!

1. 건물을 사도 땅이 먼저다.
2. 땅이 있고 건물이 있는 것이다.
3. 건물은 노후 되고 가격이 하락하고 시간이 지나 무너뜨리면 사라지지만, 토지의 가치는 살아 있고 영원하다.

투자제곱의 법칙

종잣돈으로 삶을 경제적으로 조금 더 업그레이드를 하려면 '투자제곱의 법칙'을 알아야 한다. 투자제곱의 법칙은 '수익률이 투자금액이 아니라 투자금액의 제곱에 비례한다'는 의미다. 즉, 투자금액이 많을수록 수익률이 제곱으로 증가된다는 원리다.

예를 들어 5억 원의 자금이 있다고 가정해보자. 이 돈으로 5억 원짜리 아파트 한 채를 투자할 수도 있고, 2억 5000만 원짜리 아파트 2채에 투자할 수도 있다. 그렇다면 수익률도 같을까? 아니다. 수익률만 놓고 보았을 때 2억 5000만 원짜리 아파트 2채에서 나오는 수익률은 5억 원짜리 아파트 한 채에서 나오는 수익률에 미치지 못한다.

같은 기간 동안 5억 원짜리 아파트는 2억 5000만 원짜리 아파트보다 2~4배의 가격 상승률을 보이기 때문이다. 지방의 1억 원짜리 아파트 다섯 채보다 강남의 5억 원짜리 아파트 한 채의 수익률이 더 높은 원리가 여기에 있다.

또한 부동산 투자의 수익률은 투자금액과 시간에 비례한다. 아파트는 매입 후 최소한 2년이 지나야 투자 효과가 나타나므로 투자 기간은 최소 3년을 잡아야 한다. 임야나 밭은 최소 5~10년을 투자해야 그 효과를 볼 수 있다. 금융자산을 보유하고 있을 때 가격 상승으로 발생하는 자본이득 때문이다(미실현일 경우에는 평가익이, 실현되었을 경우에는 매매(차)익이 된다).

임야는 장기 투자상품이므로, 만약 1년 만에 대박이 났다는 사람이 있다면 그 사람은 길을 가다가 로또를 한 장 사도 당첨될 것이다. 만일 사정상 단기간 내에 임야를 판다면 수익률은 제로에 가깝다. 임야에 투자해 수익을 남기려면 최소한 5년이라는 시간과 자금이 종합적으로 결합되어야 좋은 수익률을 낼 수 있다.

투자제곱의 법칙을 제대로 활용하기 위해서는 자신에게 맞는 적절한 투자금액과 기간을 찾아내는 것이 중요하다. 이를 찾아 제대로 활용한다면 같은 기간, 같은 금액으로 투자해도 상대적으로 상당한 수익률을 올릴 가능성이 높다.

제2부

월세 부자들의 마인드

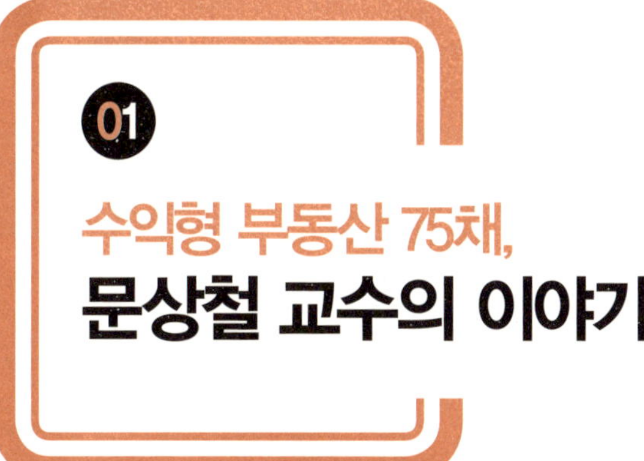

수익형 부동산 75채,
문상철 교수의 이야기

한국폴리텍대학 문상철 교수, 《실전 경매 바이블》 저자

드디어 바쁜 일상을 쪼개 그를 만났다. 대한민국에서 가장 많이 경매를
낙찰받고 많은 수익을 거둔 그에게 월세를 묻기로 했다.

Q 교수님은 제가 알기로 상당히 많이 부동산 투자를 하고 자산을 보유하고 계신 것으로 알고 있는데 정확히 얼마나 되지요?

A 부동산 자산을 평가할 때 몇 채라는 개념보다 객관적으로 재산세를 얼마나 내느냐고 묻는 게 더 정확합니다. 개수로는 75채까지 보유하고 있다가 수확을 모두 하고, 인천 계양구에 빌딩 한 채와 사무실 몇 채를 남겨둔 상태지요.

Q 투자자 중에서도 소액투자자들은 소형빌라로 많이 시작을 하는데 그것에 대해서는 어떻게 생각을 하시나요?

A 소액투자자들이 약 3000만 원 정도를 가지고 빌라 투자를 할 때는 보증금 500만 원 정도에 월세를 받습니다. 그런 적은 액수의 빌라 투자 시 세입자들이 굉장히 속을 많이 썩이는 경우가 많이 있습니다. 관리부분에서 정신적으로 스트레스를 받는 경우가 많기 때문에 사람을 잘 보고 세를 줘야 합니다. 연세가 많으시거나, 식구가 많은 경우 또는 일정한 소득이 없고 보증금 500만 원이 전 재산인 분들은 임대를 주고 골치 썩는 경우가 많으니 참고했으면 좋겠습니다.

Q 주택임대와 상가임대에 대해서 어떻게 생각하시나요?

A 상가임대차와 주택임대차는 성격이 많이 다릅니다. 제가 가진 빌딩만 보아도 상업용은 덩어리가 크고 안정적 수익이 들어올 수 있지

만 제때 임자를 만나지 못하면 공실률이 높습니다. 조그마한 주택과 같은 경우는 임대료가 낮고 관리가 어렵지만 공실률은 낮습니다. 결론적으로 피라미드 구조이기 때문에 쌀수록 임대는 잘 나간다고 이해하면 됩니다.

 오피스텔은 어떻게 보시나요? 자산 취득 후 관리부분에 대해서요.

A 오피스텔의 성격은 어디에 위치해 있느냐에 따라서 달라집니다. 중심가에 있는 오피스텔인지, 상업용 오피스텔인지, 주거용 오피스텔인지에 따라서 성격이 또 달라집니다.

중심가 오피스텔의 경우는 임대회전율이 대단히 좋을 수 있지만 가격이 높아 수익성이 낮을 수 있으니 기회비용면에서 잘 고려를 해야 합니다. 상업용 오피스텔의 경우는 원룸과 같은 소형평수는 상업행위를 하기에는 알맞지 않아 적당한 평수를 구입해야 합니다. 당연히 최소 투자금액이 커질 것이고, 관리면에서는 중심가나 주거용에 비하여 회전율이 떨어져 공실의 위험이 클 수도 있습니다. 또 거주형태로는 사용이 불가능하기 때문에 실거주 목적 매수수요가 없어 양도에 있어 조금 더 시간이 걸릴 수 있는 단점이 있지만, 주거용 오피스텔보다 더 큰 임대수익이 가능하다는 장점이 있습니다.

성격과 장·단점이 각각 다르기 때문에 자신의 목적에 부합하는지 또 자신의 관리형태로 충분히 회전을 시킬 수 있는지의 자기 검열도 필요할 것입니다.

 그럼 삼성물산 건물 옆 삼성직원들을 타깃으로 주거용 오피스텔 투자는 어떻게 보시는지요?

A 그러면 무조건 잘될 것 같지만 삼성직원이 아마 월세 살지는 않을 겁니다. 하하하.

Q 교수님, 지금까지 굉장히 많은 투자를 하셨는데, 그중에서 가장 성공한 케이스가 뭐가 있을까요?

A 하나가 크게 성공하는 것은 의미가 없습니다. 꾸준히 성공적이어야 합니다. 모두 잘하다가 한두 가지만 실패해도 큰 손실을 입기 때문입니다. 또 명심해야 할 것은 일확천금이라는 것은 없다는 것입니다. 적은 돈으로 많이 남긴다? 그런 것은 존재하지 않습니다.

Q 지속적으로 성공적인 투자를 해오신 교수님만의 투자원칙은 무엇일까요?

A 대출이 많이 나오는 부동산일수록 좋은 부동산입니다. 경매로 예를 들면 경락잔금대출이 낙찰가 대비 80~90%가 나오면 초기자금 부담이 그만큼 없어집니다. 초기자금 부담 없이 대출금을 월세 보증금으로 충당할 수 있다면 가장 선호하는 투자가 됩니다. 또한 단순히 대출이 많이 나온다는 것뿐만 아니라 금융기관에서 대출의 범위

를 넓게 잡는다는 것은 객관적으로 검증하고 인정하는 부동산이라
는 뜻이기 때문입니다. 당연한 것입니다. 금융기관도 돈 안 떼이려면
그 가치 이상만큼은 대출은 안 해주지 않겠습니까? 아무리 경매를
통해 부동산을 잘 낙찰받았어도 대출이 나오지 않는다면 잘못 낙찰
받았을 가능성이 크지요.

주의해야 할 점은 추가적으로 대출이 많이 나온다고 무조건 좋은 것
은 아닙니다. 주거용과 상업용으로 나누어 상업용의 경우 현장답사
시 공실이 있으면 무조건 들어가지 않는 것이 좋습니다. 또한 공실이
주변에 있다면 그만큼 상권이 형성되지 않았다는 뜻이기 때문에 싸
도 들어가면 안 됩니다. 상가는 싸다고 임대차계약이 되지 않습니다.
장사가 되느냐 마느냐 그것이 관건입니다. 항상 최고로 경계해야 할
것이 임대인 입장에서 최악은 '공실'입니다. 공실이 가장 무섭습니다.

 교수님이 지난 20년간 부동산 수익성상품에 투자를 해오면서 철저한 자
기 기준에 적합하다는 판단에 투자를 했음에도 한 번씩 나타나는 '복병'과 같
은 리스크에 처해본 경험이 있으시면 말씀해 주세요.

 주거용과 상업용을 나누어서 이야기해야 합니다. 주거용의 경우
는 월세를 주는 데 500/30 또는 1000/30 등 시세가 정확히 나와 있
기 때문에 실패를 한 적은 없습니다. 상업용의 경우는 조금 달라집니
다. 상가 같은 경우는 상권분석에 실패하여 장기간 공실로 유지한 사

레가 몇 번 있는데 그런 것들이 복병이었다고 할 수 있습니다.

그래서 제가 절대로 투자하지 않는 것이 있습니다. 바로 상가 '지하층'입니다. 지하의 경우는 상가로 살리기가 대단히 어렵고 한 번 죽은 상권을 다시 살린다는 것은 거의 불가능합니다.

Q 반대로 주거용 '지하'의 경우는 대지권을 가지고 미래 개발호재의 득을 볼 수 있기 때문에 빌라 지하도 많은 투자자들이 소유를 하게 되는데 어떻게 생각하시나요?

A 빌라 지하의 경우는 여러 채를 해보았었는데, 지하의 경우는 수리 비용이 엄청나게 올라가기 때문에 어떤 지하든 2년이면 모두 벽지를 다시 해야 합니다. 상·하수도의 경우도 지하를 거쳐 가기 때문에 모든 문제의 시작이 됩니다. 결론적으로 주거용도 지하는 손을 절대 대지 않습니다.

Q 요즘은 대학생도 재테크한다고 부동산 경매에 많이 관심을 갖는데, 현금 3000만 원으로 투자를 한다고 하면 어떤 투자가 가장 합리적인 선택이 될까요?

A 중요한 것은 투자 목적입니다. 대부분 사람들이 '매매를 하다가 안 되면 세를 주고, 세를 못 놓게 되면 내가 들어가서 살지'라고 위험한 생각을 하는데 이것은 부동산에 대한 이해 부족이라고 볼 수 있

습니다. 왜냐하면 월세를 받는 것은 부동산의 규모가 작을수록 유리하고, 팔려면 어느 정도 커야 됩니다. 다 쓰러져 가는 조그마한 빌라에 천년만년 살고 싶은 사람이 없지 않겠습니까? 그런 집은 월세에서 임시 거쳐 가는 곳이겠지요.

팔아서 양도차익을 목적으로 한다면 집이 조금 번듯해야 하고, 세를 줘서 임대수익을 목적으로 한다면 여러 가지 주변 여건이 맞아 수요를 불러일으켜야 합니다. 그런데 정말 중요한 것은 이 2가지 모두를 초보자들이 원하지요. 이 2마리 토끼를 잡으려고 하다보면 팔리지도 않고 월세수익도 나오지 않는 부동산을 매입하는 결과를 초래합니다. 이렇게 이도 저도 아닌 물건을 잡아 세도 안 나가고 팔리지도 않으니 내가 들어가서 살게 되는 것이고 내가 들어가서 살면 더 이상 투자할 돈이 없지 않겠습니까? 결국 투자 목적을 뚜렷이 해야 한다는 결론이 나옵니다.

제게 3000만 원이 전부라면 투자를 해서 불려야 하기 때문에 임대수익을 목적으로 두지 않고 팔 수 있는 부동산에 투자를 할 것입니다. 3000만 원으로 주택을 사서 월세수익률이 상당하더라도 그 돈이 몇 푼 안 됩니다. 수익률 자체가 의미가 없다는 겁니다. 임대수익률이 30%라고 하더라도 생활비는커녕 술 한잔 하면 없습니다. 돈이 많아서 10채를 한번에 사면 모를까.

결론적으로 임대투자라는 것은 자본금이 많을 때나 가능한 것입니다. 현금이 5억 정도 있을 때 월 300만 원 정도의 수익성 물건을 잡을 수 있기 때문에 3000만 원 소액투자자분들은 양도차익을 목적으로 두는 것이 현실적으로 합리적인 선택이 될 것입니다.

그리고 한 가지 번외로 말씀을 드리면 앞으로 우리나라에서 노후에 50대가 넘어가면 부동산을 가진 자와 가지지 못한 자로 나뉘게 될 것입니다. 부동산을 가진 사람은 친구한테 술 한잔 살 수 있을 것이고, 친구에게 술 사주기는 어려울 것입니다.

Q 요즘 자영업자들이 우르르 무너지고 있는 상황에서 퇴직자들이 자영업보다는 퇴직금으로 수익성상품을 하나 사서 임대수익을 받겠다는 결심을 많이 하고, 제게도 3일에 한 번씩은 컨설팅 신청이 들어오는 것 같습니다. 그런 분들에게는 어떤 종목이 합리적일 수 있을까요?

A 저 또한 공감합니다. 절대 당장만 생각을 하면 안 됩니다. 상가는 시간이 지날수록 감가상각이 되기 때문에 구분상가(층이나 호와 같이 일정 규모별로 구분등기가 가능한 상가)에 투자하시면 절대로 안 됩니다. 구분상가의 경우는 상가가 점점 노후화 되면서 월세가 더 늘지는 않거든요.

결국 줄어드는 월세 앞에서 인플레이션을 방어할 수 없게 되는 것이지요. 제가 추천해 드리고 싶은 것은 감가상각이 되지 않는 토지가 딸린 상가를 매입해야 합니다. 근린주택(주거공간과 상업공간이 복합적인 형태인 부동산)이 대표적이겠지요? 토지가 있는 것을 매입해야

만 노후가 보장될 수 있습니다.

 부동산 투자를 하는 모든 분들에게 한 가지 조언해준다면 무엇이 있을까요?

A 투자하는 사람들이 부동산을 선택하는 것을 너무 쉽게 생각하는 경향이 있습니다. 공부가 필요합니다. 다른 사람들에게 지나치게 의존하면 안 된다 생각하고 스스로 결정을 내리기 위해 조금 더 부지런하고 신중해야 합니다.

실제로 제가 지금까지 경매를 통해 부동산 투자를 하면서도 느끼지만 경매물건 100개 중에 진짜 쓸 만한 물건은 2~3개밖에 없습니다. 결국 잘못된 선택을 할 확률이 그만큼 초보자에게는 크다는 겁니다. 따라서 전문가의 의견을 무시하라는 것이 아니라, 전문가의 조언을 평가할 수 있을 정도의 내공이 필요합니다.

Q 교수님은 한국폴리텍대학에서 평생교육원 경매 강의를 하십니다. 이론뿐만 아니라 실전내공이 우리나라에서 손가락 안에 꼽히시는데 제자들은 오리지널 실전내공을 전수받고 있나요?

A 하하하. 경매 강의에서 중요한 것은 이론이나 법률이 아니라 수익이기 때문에 현실에서 필요한 것만 이야기합니다. 우리 수강생들도 법에는 별 관심이 없습니다. 어떻게 하면 내 재산을 더 늘릴 수 있을까지요.

02

엔터테인먼트사를 경영하는 젊은 CEO의
월세수익의 비밀

CP NETWORK 대표이사 김성민
7년 전 자본금 5000만 원으로 수익형 부동산 투자 시작

Q 형, 부동산 자산관리 형태를 파헤치러 왔으니 긴장해. 요즘 부동산 경기
가 침체되면서 임대수익과 미래 자본수익을 보장받기 위해 투자할 때 주의해
야 할 점이 더 많은 것 같은데, 요즘 수익형 부동산을 어떻게 골라내고 있는

지 궁금하네.

A 그건 네가 더 잘 아는 것 아니었나? 난 사실 부동산에 대한 전문가가 아니야. 하지만 예전에 내가 오히려 너한테 부동산 투자에 대한 이해와 핵심을 배우면서 지금은 몇 가지 기준만 가지고 투자를 하고 있어. 첫째, 웬만하면 경매로 부동산을 구입해. 매도자의 의지와 관계없이 매수자의 경쟁입찰을 통해 구매하기 때문에 시세보다 낮은 가격으로 투자를 할 수 있기 때문이지. 둘째, 경매로 낙찰받는다는 전제하에 상가의 경우 메인상권, 주택의 경우 역세권의 기반시설이 우수해 주거환경이 좋은 물건은 투자하지 않아.

Q 이유는?

A 상가에서 메인상권이나 주거환경이 매우 우수한 주택 같은 경우는 이미 주변의 기반시설과 가치를 높일 수 있는 모든 것들이 다 들어섰고 반영되어 있어. 당연히 인기가 많고 가격은 비싸기 때문이지. 아무리 물건이 좋고 우수하면 뭐해? 투자금액 대비 수익률이 안 나오는데. 차라리 그런 것을 투자하느니 적금을 드는 것이 낫지.

Q 그럼 어떤 부동산에 투자해?

A 말 그대로 메인상권보다는 조금 빠진 상권. 주택으로는 기반시설이 모두 들어서서 우수한 물건보다는 아직은 열악하지만 지속적으

로 발전할 물건을 사는 것이지. 그런 물건을 또 경매로 낙찰받으면 더욱 싸게 살 수 있어. 그러면 비선호시설이 들어서지 않는 이상 시세가 상승할 것만 남았거든. 물론 미래가치를 어느 정도는 볼 수 있는 사람이어야지.

Q 그것은 직관과 안목을 갖고 아직 덜 발전된 부동산을 싸게 구입하여 미래 자본수익에서 유리한 투자를 한다는 것쯤으로 이해할게. 중요한 것은 임대회전율과 수익률인데, 조건이 좋지 않아도 괜찮을까?

A 내가 그런 물건을 낙찰받는 데는 숨은 이유가 있어. 우수한 상권에 자리를 잡기에는 자본금이 부족한 사람들이 덜 우수한 주변 상권을 택하게 되는데 그 수요자들을 잡는 거야. 나는 싸게 경매로 낙찰받았기 때문에 투자금액이 적어. 그래서 임대료를 주변시세보다 낮게 책정하여 중개업소에 내놓을 수 있어. 그리고 온라인 홍보를 함께해. 워낙 싸게 부동산을 구입하였기 때문에 월세를 낮추어도 임대수익률이 평균으로 연 15%는 항상 넘고 있고, 공실도 거의 없어. 그래서 현재의 내 투자방법에 아주 만족하고 있어. 앞으로도 누가 보아도 좋아 보이는 부동산에는 투자하지 않을 거야.

Q 온라인 홍보는 어떻게 하고 있어? 대부분 중개업소에 물건을 내놓고 기다리는 것 외에는 방법이 없는데 그 노하우를 알려주면 좋을 것 같아.

A 난 기업체의 홍보를 해주는 여러 마케팅회사를 운영하고 있어. 그 중에서도 바이럴마케팅 부분을 많이 하는데, 바이럴마케팅이라는 것은 인터넷을 통해 마치 바이러스처럼 소문이 퍼져나간다고 해서 만들어진 용어야. 그 기술을 내 부동산에 월세를 놓거나 팔아야 할 때 이용하는 거지.

Q 조금 더 구체적으로 어떻게 하는지 좀 이야기해줄 수 있어?

A 지금은 수많은 사람들이 부동산 월세나 전세를 구하려고 해도 인 터넷으로 먼저 검색하고 알아보고 가. 매매도 마찬가지고. 완벽한 유 비쿼터스(Ubiquitous)의 세상이 된 것이지. 중개업소에만 내놓으면 조 건이 맞는 손님만 내 부동산을 볼 수 있는 거잖아. 중개업소의 하루 방문자 수가 50명이나 되나? 그중에서 내 물건을 보여줄 횟수는 몇 번이나 될까?

하지만 난 부동산을 팔거나 임대를 줄 때 가장 먼저 〈피터팬의 좋은 방 구하기〉라는 네이버 카페에 물건에 대한 정보를 올려. 인터넷카페 라고 무시하지 마. 그곳에 회원가입 해놓은 사람만 180만 명이고, 가 입하지 않고 자신에게 맞는 부동산을 찾아보는 사람만 하루에 약 500만 명이 넘을 거야. 전화해보는 사람만 해도 상당할 거고.

그 다음으로 인터넷 블로그에 올려. 부동산과 관련된 것, 즉 사진, 용 도, 장점, 가격 등을 올리지. 그리고 하루에 10만 명씩 사람들이 들어오는 파워블로그들에게 20만 원을 주고 내가 원하는 대로 글을 올려 달라고 부탁하는 방법도 병행하고 있어.

이 작업만 해도 예를 들어 사람들이 '강남구 오피스텔, 서울 오피스텔 월세, 역삼동 오피스텔'을 검색하면, 핵심키워드 결과에서 내가 홍보하는 부동산에 대한 글이 1등으로 노출되게 할 수 있어 엄청난 효과지. 이 온라인 홍보방법 덕분에 내가 갖고 있는 부동산들의 공실률이 거의 0%에 가까워. 물론 매매도 다른 사람들보다 더욱 빨리 할 자신도 있고.

A 다음 5가지를 유념하세요.

첫째, 누가 보아도 인기 많은 부동산은 C급 부동산으로 투자가치가 별로 없다(실거주 목적 주택 제외).

둘째, 경매를 통해 낙찰받고, 자신이 계획할 수 있는 범위 안에서 대출(레버리지)을 활용한다.

셋째, 경매를 통해 낮게 낙찰받아 월세를 낮춰도 수익이 충분하게 만들고, 부동산 가격이 하락하더라도 방어가 될 수 있도록 한다.

넷째, 중개업소에만 내놓고 기다리는 소극적인 거래수단만으로는 부족하다. 인터넷과 친해져라!

다섯째, 월세를 줄 때 보증금이 낮고 월세가 클수록 입주하고자 하

는 사람을 잘 관찰하자. 직업은 무엇인지 어떤 목적으로 계약을 하

려 하는지. 세입자가 속 썩이면 정말 힘들다.

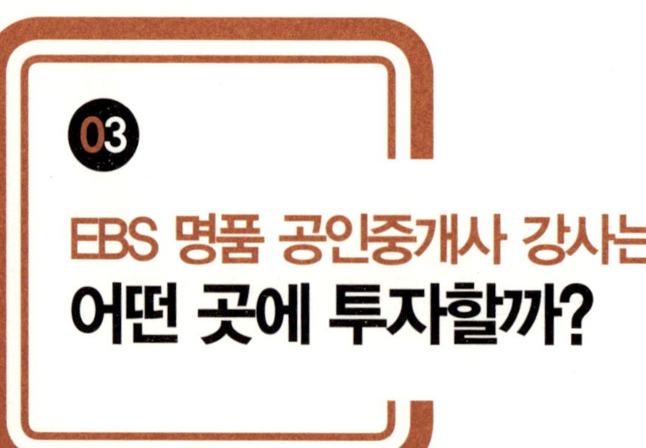

03

EBS 명품 공인중개사 강사는
어떤 곳에 투자할까?

윤건수
전) 시원FN 전 이사
현) 해커스 금융(fp.pass.com) 대표 강사
현) 한국생산성본부 금융 강사
현) EBS 명품 및 각종 언론사 및 금융사 강사
현) 현대라이프 FP
현) 공인중개사학원 및 부동산 투자 관련 강사

<u>Q</u> 형님, 현재 대한민국의 기성세대들이 퇴직을 하고 나서 수익형 부동산으로 눈을 돌리는데 어떻게 보시나요?

A 먼저 투자를 하려면 자신만의 관점이 있어야 해. 관점이 없다면 투자를 하지 말아야 돼. 예를 들어 투자경험이 있다면 어떠한 것을 구매를 하였고 어떠한 결과를 거두었는지, 아직 결과가 없다면 환매회수는 언제 할 것인지 등을 투자자가 스스로 알고 있어야 돼.

일반적으로 투자를 하는 이유가 단순히 은행금리보다 높아서인데, 이러한 가치관으로 시작하면 스스로 붕괴되는 것은 아주 쉽다는 말이야. 그래서 가치관이 중요하다는 것이지. 당연히 임대수익도 마찬가지이고.

Q '2000만 원에 집 2채', '5000만 원으로 월세 100만 원!' 이런 현수막들이 길거리에 비일비재하고, 부동산 투자에 대한 기초개념이 부족한 이들의 돈을 비양심적으로 유혹하는 상업성 광고들이 난무하는데 어떻게 해야 초보자들도 실수하지 않을까요? 저도 블로그에 게시하고 있지만 손바닥으로 하늘을 가리지 못하는 것처럼 그 힘이 미약하네요.

A 무엇을 하든 결과는 본인 스스로 가져가야 한다는 생각을 해야 돼. 사람들은 굳이 나누고 싶은 마음이 없다면 고급정보나 남들이 모르는 중요한 정보를 오픈하지 않을 거야. 길에 걸려 있는 현수막을 보고 '묻지마 투자'를 한다는 것은 스스로 망해도 된다는 의미야. 광고 내용 그대로 수익을 올릴 수 있다면 아무나 쉽게 부자가 되겠지?

Q 어떻게 그렇게 빨리 천안시 두정동에 보유하고 계신 원룸들 월세를 놓으

실 수 있었나요?

A 부동산은 하나의 판매상품이지 그 이상도 그 이하도 아니야. 나는 공급자이면서 수익자이지. 먼저 몇 가지 리스크에 대해 반대로 생각을 했어. 그 당시 두정동에는 원룸촌이 상당히 많았는데 그곳에서 월세를 일정하게 받고 안정적으로 유지하기 위해서는 고정세입자가 있어야 되겠더라고. 건물 유지를 위해서는 가능한 한 남자보다는 여자, 여자들 중에서도 계약직보다는 정규직, 같은 회사에 근무하는 사람이 많으면 되겠다는 생각이 들었어.

그렇다면 여자들은 어떤 시스템을 선호하는가. 가능한 한 세입자들이 같은 부류층의 여성(정규직을 다니거나 같은 회사에 근무)이 되도록 노력했어. 그런 다음 통근 버스를 서비스했고, 1년 월세를 보증금 없이 선납하였을 경우 1개월 월세를 안 받는다는 조건을 내걸었어. 대신 관리비를 다른 곳보다 2만 원 더 받았고, 이 관리비는 각종 물품지급비 등으로 일부 사용하는 형식으로 활용했지.

Q 청라지구, 영종지구, 송도신도시, 김포신도시 등에 있는 부동산 취득과 임대수익에 대해 어떻게 생각하세요?

A 먼저 임대수익에 대한 잘못된 생각을 하나 수정해야 돼. 임대수익률이라고 하는 것은 명목수익이라는 거야. 금액 대비 %라는 것이지. 예를 들어 1억으로 연 10%의 수익률을 올린다고 한다면 1년간

1000만 원을 벌 수 있어. 그런데 이자를 모아 원금을 만들려면 10년이 걸려. 문제는 이 사이에 물가도 함께 올라간다는 거야. 국내 1년 평균 물가 상승률은 4.6%이야. 이것은 실질물가니까 이것을 차감하면 10%가 5.6%로 변경되겠지. 만약 대출을 받게 되었다고 치자. 대출금리가 2%대 기업대출을 받지 않는 이상 일반적으로 4.5% 내외야. 이것까지 차감하면 이자율은 1.1%가 되겠지. 문제는 이 1.1%는 연간수익률이라는 거야. 이것을 12개월로 나누게 되면 매월 1%의 이익을 얻게 된다는 것이지. 결국 임대수익률이라고 하는 것을 단순히 숫자로 접근을 하면 안 돼.

임대형 부동산은 크게 수입이 임대소득과 자본소득(부동산을 처분하면서 발생하는 소득) 2가지지. 임대소득이 목적인 경우 일정한 소득을 뽑을 수 있는 구조의 부동산인지 먼저 생각해야 해. 단순히 은행금리보다 높기 때문에 혹은 부동산 가격이 오르면 팔겠다는 생각은 상당히 위험한 거야.

만약 부동산 가격이 하락하거나, 공실률이 발생하거나, 저당권 설정 비용이 많이 발생하거나, 주변의 환경변화 등 부동산에는 위험요인이 복합적으로 발생하기 때문에 이러한 것을 잡을 수 있는 큰 확이 있지 않는다면 쉽게 근접하지 않는 게 좋아.

예를 들어서 김포의 경우 각종 개발호재가 발표가 되고 있어. 그런데 이것을 어디까지 믿을 수 있을까? 나도 김포에 집이 있어. 그 집의 경우 역세권이고, 혁신 초등학교라는 메리트가 있어서 전세가가 폭등하고 월세도 오른 것은 사실이야. 이처럼 학군, 교통, 주변환경 등 이러한 위험요소를 억제시킬 수 있는 그 무엇이라도 있다면 월세의 개념이 조금은 잡힌 것이지. 이처럼 부동산 구매 시 모멘토가 될 수 있는 호재가 있어야 한다는 거야.

그리고 각종 개발성 문구가 있는 것은 개발 예정인지 개발이 된 것인지 구별해야 돼. 여기 있는 지역들은 모두 주변 환경들이 개발이 안 된 지역이기 때문에 월세를 받기는 어려워. 월세를 내겠다는 것은 결국 비싼 돈을 들이더라도 편안한 곳에서 지내겠다는 것이 아니겠어?

Q 박근혜 정부가 들어서면서 공약한 세종시와 충청권에 투자하는 것은 어떨까요? 어떤 책을 보니 지금 당장이라도 투자를 해야 할 것처럼 써있더라고요.

A 부동산 투자에 있어서 부동산이 가지고 있는 국지적 특성을 먼저 이해하는 것도 상당히 중요하지. 어디가 상승하고 어디가 하락하고 이런 것도 중요하지만 먼저 '투자'라는 단어를 이해했으면 해. 투자라는 것은 원금손실을 가져오고 때로는 원금 손실 이상의 손해를 가져올 수 있어. 특히 부동산의 경우 환금성이 없기 때문에 잘못 선택하게 되면 장기적인 손실을 가져올 수 있지. 지금 당장 투자할 경우, 회수시점 및 그곳에 투자하지 않고 다른 곳에 투자하였다면 얻을 수 있는 것과 비교하여 타당성이 나와야 가능하다는 것이지.

앞으로 이곳에 개발호재는 있지. 개발호재라는 것은 어디까지나 호재일 뿐이지 다른 의미는 없다는 것이야. 이 개발호재가 본인의 투자성향과 같다면 투자를 하는 것이 좋고, 투자성향과 거리가 있다면 안 하는 것이 좋아. 부동산도 하나의 상품이니까 어떻게 포장되어 있는가를 스스로 구별해내는 능력이 중요해.

Q 부동산 투자원칙이 뭔가요? 누군가를 컨설팅 해준다면 무엇에 초점을 맞추실 건가요?

A 나의 부동산 투자원칙은 3가지야. '의심하라(돈의 0개수만큼) → 전문가에게 의뢰하라 → 투자 연습을 꾸준히 하라' 이 원칙에 입각하여 진행하는 것이 중요해. 예를 들어서 누군가가 투자하라고 한다면 일단 난 전화상으로는 받지 않아. 전화로 한다고 하여도 영상통화를 바탕으로 하지. 행운은 쉽게 오는 것이 아니거든. 컨설팅 회사에서 투자 요청이 들어오면 '당신은 왜 투자하지 않는가? 돈이 없다면 내가 빌려주겠다' 등으로 항상 의심의 의심으로 연결하여 내가 원하는 답을 요구해.

반대로 누군가 나에게 컨설팅을 요구하면 '투자가치 → 투자경험 → 투자기간 → 투자 시 손실범위 등'을 순서대로 묻고 일을 진행해.

Q 20~40대 가릴 것 없이 월세가 잘 나오는 부동산을 찾고 있는데요. 꼭 조

A 수익형 부동산의 경우 월세가 잘 나온다는 것은 뒤집어 말하면 매매가도 비싸다는 것이야. 매매가가 비싸면 현재 대출을 얼마나 안고 사야 하는가도 상당히 중요하지. 자기 자본의 투입비가 중요한 것이 월세형 부동산이야. 여기에서 대출의 의미를 하나 짚고 넘어갔으면 하는데 대출은 자신의 생활비 등을 줄이지 않고도 갚을 수 있는 범위이어야 해. 숫자로 표기한다면 물건의 가격 대비 담보대출률이 선진국의 경우 20~40%인데 국내의 경우 거의 80~90%까지 넘어가. 대부분 대출을 받아 수익형 부동산을 구매하려고 하는데 만약 공실이 된다면 어떻게 될까? 모든 것을 잃어버리겠지. 그렇기 때문에 공실률에 대한 리스크 관리 등을 점검하지 않고 '묻지마 투자'를 한다는 것은 스스로 무덤을 파는 것과 같아.

Q 부동산 경기가 침체되면서 각종 부동산 세제혜택들이 나오고 '부동산이 서서히 올라갈 것'과 같은 섹시한 유혹들이 등장하고 있는데요, 형님은 과연 부동산 세제혜택이 부동산 활성화에 얼마나 영향을 줄 것이라고 생각해요? 이번 8·28대책의 경우 뿌리가 상했는데 자꾸만 노랗게 죽어가는 가지와 잎에 영양제를 뿌리고 있는 것 같아서요.

A 결론부터 말하지. 각종 부동산 정책은 실패할 거야. 단순히 기대감이라는 내성만 키우는 거지. 그것은 결국 부동산에 악영향을 줄 거야. 국민 모두에게 약 3억 원을 주고 부동산으로 가야 한다고 하지

않는 이상 부동산 가격이 다시 살아날 가능은 없다고 봐. 부동산은 불패다! 과연 그런가? 흔히들 부동산의 시장은 하방경직성이라고 하지만 지금 현재 그런가? 그렇게 타올랐던 시장이라면 반대로 식으면 어떻게 될까? 급하게 가격이 내려가겠지. 지금 현재 그 단추를 연 것뿐이고 그 사이로 속을 보이기 싫어하는 거야.

Q 만약 단돈 5000만 원이 있다면 부동산 투자 어떻게 해서 그 파이를 키워 가실 건가요?

A 묻자. 5000만 원을 버릴 수 있나? YES라면 공격적 배팅이 가능하고, NO라면 현재로서는 투자할 곳이 제한적이지. 먼저 그 5000만 원을 어떤 투자관점에서 사용하는가에 따라 400%의 이익이 생길 수도 있고 아니면 0%의 이익이 생길 수도 있다는 거야. 내가 방어적이고 오피스텔에 투자한다고 가정한다면 임대수요는 많고 공실률이 적어 매매가 높아 수익성이 낮아지더라도 서울특별시 관악구쪽 2호선역 바로 앞에 있는 원룸을 일반 매매할 거야. 수익은 다른 투자보다 더 나은 것이 없더라도 안정적으로 갈 수 있으니까.

전자보다 조금 더 공격적이라면 법원경매라는 경쟁입찰제도를 통해 권리분석을 잘하여 급매가보다 한 500~700만 원 더 낮게 낙찰을 받을 거야. 그렇게 하면 투자금액 대비 임대수익률이 높아지며 미래에 양도를 할 때도 싸게 산 만큼 수익이 조금 더 보장이 되겠지.

마지막으로 정말 공격적이라면 서울특별시에 투자하지 않고 인천, 경기쪽에서도 조금 뒤로 빠지는 상권의 오피스텔을 선택하여 그것을 경매로 입찰하겠지. 상당히 낮은 가격으로 낙찰받아 내부를 잘 수리하여 공실률을 커버하는 방법으로 앞서 말한 수익률보다 더욱 높은 수익을 유지함과 동시에 양도차익도 노려볼 수 있겠고, 혹은 서울특별시와 관계없이 경매물건 중에서 권리분석이 초보자들이 하기에는 조금 어려운 물건들을 반값 낙찰에 도전하여 2배 수익에 도전할 수도 있겠지.

방어적 투자에서 공격적으로 갈수록 투자 리스크는 당연히 커지기 때문에 자신에게 맞는 투자를 해야 해. 만약 자신이 남들보다 빌라에 대해 정확한 판단을 하고 안목을 갖고 있다는 전제하에 관리 또한 뛰어나게 잘할 수 있는 기술을 가지고 있다면 그 사람에게 리스크는 더 이상 리스크가 아니지.

경매 권리분석이 어려운 물건도 마찬가지야. 내가 권리분석을 잘할 수 있는 기술과 해결방법을 익혔다면 남들은 겁나서 못 들어와도 낙찰을 받으면 돼. 결국 하고 싶은 말은 자신이 공격적인 투자를 해도 되는 사람인지 아닌지부터 판단하는 거야.

제3부

종잣돈부터 늘리자
(1억 만들기 스파르타)

🏠 경매부동산 권리관계의 빈틈 공략 ★★★★☆

경매물건을 보면 법정지상권, 유치권, 지분경매 등의 권리관계상 분쟁이 예고된 물건들은 경매 낙찰가가 한없이 낮아진다. 법정지상권이나 유치권과 같이 특수한 권리를 하나만 파고들어 집중적으로 학습을 한 뒤 가장 자신 있는 물건으로 반값 경매 투자를 하는 방법이 있다.

명심해야 할 것은 투자자 자신은 옥석을 구별하여 낙찰 후 분쟁에서 이길 수 있는 물건이어야 한다. 잉여자산이 부족하고 자신이 가진 작은 종잣돈 전부를 내던져 이런 리스크에 도전한다는 것이 말처럼 쉽지 않다. 사실 인간은 자신이 가진 잉여자산이 적으면 적을수록 결정적인 순간에 리스크를 잘 회피하게 된다. 하지만 아는 만큼 보인다. 저자의 투자 사례 중 한 가지 예를 들어보겠다.

사건번호 2011-0000	인천 옹진군 덕적면 울도리에 위치한 건물이 있는 토지지만, 토지만 경매에 나왔다. 법정지상권 분쟁가능성이 있었다.

토지 시세	경매낙찰가	위치
15,000,000원	3,800,000원	해변 바로 옆

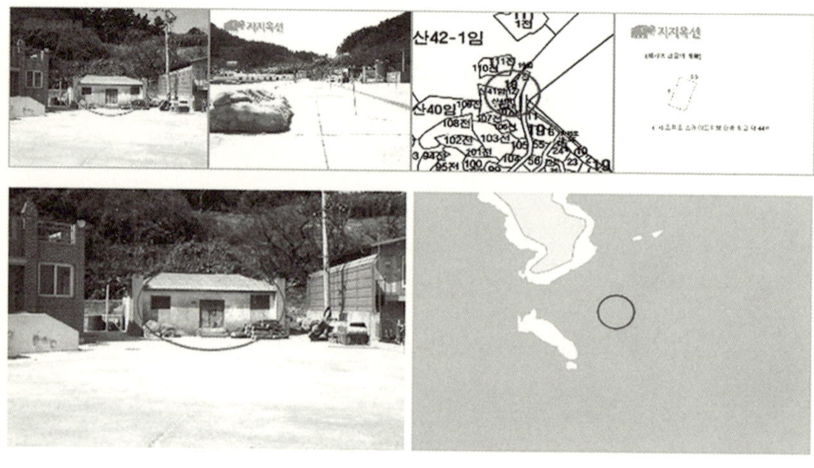

토지(50평)만 경매로 나온 물건이다. 그런데 건물이 떡 하니 있다고? 그래서 법정지상권이 문제가 되는 것이다.

토지 낙찰자는 건물에 대해 지상권을 설정해주고, 오랜 세월(견고한 건축물 30년) 토지를 이용할 수 없기 때문에 해당 토지는 낙찰가가 현저히 떨어지게 된다.

법정지상권이 성립되지 않기 때문에 건축물에 대하여 법정지상권 부존재소송을 하여 분쟁을 정리할 수 있다. 하지만 그 자체가 초보자들에게는 비용과 시간 면에서 정신적 스트레스가 상당할 것이라고 판단하므로 낙찰가는 현저히 떨어진다. 이런 물건은 시세 대비 약 25%의 가격에 낙찰이 가능할 때가 많은데 2가지 정답이 있을 때 입찰한다.

• **첫 번째 키**　토지등기부를 보면 은행은 보통 토지에 대하여 담보대출을 해주면서 근저당권 설정과 지상권 설정을 함께한다. 하지만 근저당권 설정 날짜보다 건축 날짜가 늦은 경우 법정지상권이 성립되지 않으며, 은행이 지상권을 설정했기 때문에 건축행위를 하기 위해서는 지상권자의 동의가 필요하다. 은행은 만일의 경우를 대비하여 대출이자 체납 시 경매를 통해 채권회수를 해야 하는데, 건물이 세워지면 토지 낙찰가가 현저히 떨어지기 때문에 당연히 건축행위에 대하여 동의를 해주지 않을 테니 무허가 건물이라는 점도 확인이 된다.

　그렇다면 380만 원에 낙찰받아 인터넷을 통해 법정지상권 부존재소송에 대한 '나 홀로 소송법'을 간단히 익혀 짧은 기간 내 어렵지 않게 판결을 받으면 된다. 비용도 많이 들지 않는다. 그 다음에는 건물철거소송비까지 2차적으로 들 필요 없이 건물을 철거해야 하는 건물 점유자에게 300만 원 정도를 주고 건물을 비워줄 것을 협상하는 것이다. 그 뒤 바다가 근접한 곳에서 작게나마 전원생활을 하고자 하는 노후준비 수요자에게 온라인 홍보와 중개업소에 토지와 건물을 함께 매물로 내놓아 매매하는 방법(1500만 원)이 있다.

　계획대로 성공한다면 약 4~5개월 치 월급에 +α로 상당한 수익도 덤으로 챙겨 종잣돈이 더욱 빨리 모일 수 있다. 하지만 이 물건의 경우 테크닉이 필요하고 실무적 실력이 어느 정도 필요하기 때문에 저자는 권하지 않는다.

• 두 번째 키　이 토지를 380만 원에 낙찰받은 진짜 이유가 있다. 현장조사 시 해당 건물은 사람이 살지 않는 폐가였고 무허가 건축물이었다. 토지를 낙찰받은 뒤 해당 건축물의 내부를 깨끗이 도배하고 손을 보는데 약 100만 원의 비용이 들었고, 바다 근접한 곳에 작게나마 전원생활을 하며 노후를 보내고자 하는 잠재 수요자들에게 전국적으로 알리기 위해 광고사&엔터테인먼트사를 운영하는 친구를 통해 온라인홍보를 하는데 약 100만 원이 들었다. 결국 총 비용 580만 원으로 딱 3개월 만에 1500만 원에 매매를 하는 데 성공했다.

이렇게 토지만 경매로 나오고 사람이 거주하지 않는 폐가가 있는 물건을 잘 낙찰받아 단순히 중개업소에 매물을 내놓고 기다리는 것이 아닌 온라인 등을 통해 적극적 홍보를 한다면 500만 원을 가진 소액투자도 충분히 투자금의 파이를 키워 가는데 큰 도움이 될 것이다.

마지막으로 저자는 무협지를 쓰고 싶지는 않기 때문에 다시 밝히지만 부동산과 경매에 대한 이해가 부족한 초보자에게는 어려울 수 있다. 누군가 이렇게 해서 종잣돈을 부풀려 주겠다고 한다면 반드시 명확한 계약서와 전문가인지의 검증을 신중히 해야 할 것이다. 이런 리스크의 과정을 극복할 용기가 없다면 이 악물고 요행을 바라지 말고 착실히 3000만 원만 모으자.

🏠 양도차익이 수월한 빌라도 있다 ★★★☆☆

500만 원으로 기필코 투자를 하고자 한다면 이런 빌라에 투자를 하는 방법이 있다.

사건번호 2012-4068	시세	회원 예상낙찰가
	40,000,000원	20,510,000원

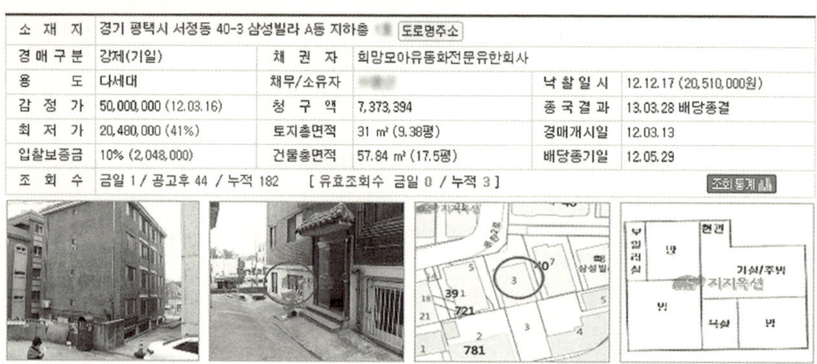

평택시에 위치한 삼성빌라 과거 경매 건이다. 감정가는 5000만 원이지만 감정평가금액은 늘 시세와 다를 수 있다. 역시나 실거래가 조회를 통해 보니 위 빌라는 시세가 4000만 원이다. 이 빌라는 약 2000만 원에 낙찰이 되었다. 500만 원으로 2000만 원의 빌라를 어떻게 낙찰을 받을 수 있는지 의심스럽지 않은가?

과거에는 소액 빌라 경매 경락잔금대출이 나오지 않았다. 주택임대차보호법상 지역마다 정해진 소액임차인 최우선변제금을 제외하고 대출을 해줘야 하기 때문에 은행에서 대출이 나올 돈이 없는 것이다. 하지만 요즘은 일

명 소액임차인 최우선변제금(일명 방 공제금)을 제외하지 않고도 대출이 나오니 입찰보증금 10%만 있다면 그 외에 부분은 대출을 받을 수 있다.

지하층이기는 하지만 그래도 실평수가 17평이 나오기 때문에 가족 3명 정도가 잠시 거주하기에는 알맞은 평수여서 전세 또는 매매 시 수월하다. 이런 물건을 반값에 낙찰받았다면 전세계약 보증금으로 현금을 회수하여 대출금액을 상환해 매월 이자를 소멸시키길 바란다. 매월 부동산에서 부가가치는 발생하지 않더라도 역부가가치를 발생시켜서는 안 된다.

그리고 매매를 시도해야 하는데, 현실적으로 지하층 빌라는 매매가 잘 이루어지지 않는다. 하지만 위 조건들에서 한 가지 조건이 더 충족된다면 가능하다. 바로 토지지분(대지권)이 7평 이상인 것으로 재건축 또는 재개발이 예정되어 있는 빌라를 꼽아야 한다. 그것이 전제된다면 지하층인 것과 관계없이 재건축·재개발호재를 찾는 부동산 사냥꾼들의 러브콜을 통해 수월한 양도가 가능하다. 역시나 이론적으로는 쉽지만 이 또한 많은 발품과 노력이 전제되어야 할 것이다.

1. 낙찰가의 80% 대출을 받고 나머지 잔금과 취·등록세, 등기비용, 명도비용 약 100만 원 등을 모두 현금 500만 원 내에서 소화할 수 있는 물건
2. 지하층이라도 원룸이 아닌 가족 단위 주거생활이 가능한 평수
3. 토지지분(대지권)이 7평 이상인 물건
4. 재건축·재개발 예정인 노후된 물건
5. 전·월세 수요가 충분히 있는 지역

3000만 원
투자전략(소형아파트 / 빌라 / 상가)

🏠 소형아파트 ★★☆☆☆

시건번호 2012-2124	시세	임대료	낙찰가
	220,000,000원 (과거 시세 250,000,000원)	1,000/70만 원	173,000,000원

소 재 지	경기 용인시 수지구 풍덕천동 664 삼익 ■■■ ■ ■■ [도로명주소]				
경 매 구 분	임의(기일)	채 권 자	㈜융창상호저축은행		
용 도	아파트	채무/소유자	■■■■■■■■	낙 찰 일 시	13.07.24 (173,000,000원)
감 정 가	220,000,000 (12.01.27)	청 구 액	149,000,000	종 국 결 과	13.10.10 배당종결
최 저 가	140,800,000 (64%)	토지총면적	34.96 ㎡ (10.58평)	경매개시일	12.01.11
입찰보증금	10% (14,080,000)	건물총면적	59.76 ㎡ (18.08평)[25평형]	배당종기일	12.03.30
조 회 수	금일 1 / 공고후 144 / 누적 599 [유효조회수 금일 0 / 누적 6]				조회통계 📊
주 의 사 항	· 2012.09.06 최고가매수신고인 매수신청보증금환급신청서 제출				

관리비미납금	· 2,500,000원 12년2월분까지 미납액임. 전기수도포함.540세대 (2012.04.13 현재)

임대수익률 19%		
항목	금액	단위
매입가	17,300	만 원
임대보증금	1,000	만 원
월세	70	만 원
대출금	15,570	만 원
대출이율	3.8	%

계산 결과		
실투자비	1,300	만 원
연간임대료수입	840	만 원
연이자	592	만 원
임대수익률	**19.10**	**%**
연순수익	248	만 원
월순수익	21	만 원

용인시 수지구 풍덕천동에 위치한 삼익아파트 낙찰 건이다. 이 물건의 경우는 과거 2억 5000만 원까지 시세가 형성되었지만, 2억 2000만 원까지 시세가 하락해 유지되고 있었다. 그리고 경매로 나왔다가 재매각된 물건이었다. 과거에 한번 낙찰이 된 사례가 있었지만, 과거 낙찰자가 입찰보증금을 몰수당하면서까지 잔금납부를 하지 않아 경매가 다시 진행되는 물건이었다.

그러다 보니 초보자는 자신이 모르는 어떤 문제가 있을 것이라는 생각에 응찰자가 적어지고 최저입찰가는 동종·유사물건들과는 다르게 감정평가금액 대비 64%까지 떨어졌다. 나는 직감적으로 경매정보지를 훑어보았다. 현장조사 및 분석을 해본 결과, 과거 낙찰자가 자금을 마련하지 못해 잔금납부를 하지 못했다는 사실을 확인했다. 왜? 아무리 봐도 하자가 없었기 때문이다. 역시나 저조한 3명의 경쟁률을 거뜬히 뚫고 거래가능 시세 2억 2000만 원 대비 1억 7300만 원에 낙찰을 받았다. 물론 대출을 낙찰가 대비 90%의 금액까지 받아 현금투자금액을 줄였고, 2개월간 점유자에게 부동산을 인계받고 즉시 보증금 1000/70만 원으로 임대차계약을 했다.

임대수익률은 19%가 나왔다. 수도권 아파트 평균 임대수익보다 4배 정도는 높게 잡힌 투자가 된 것이다. 그렇다고 하더라도 수치상으로 높은 것이고 임대수익성 자체로는 큰 덕을 보며 살 수는 없는 금액이기 때문에 대출이자를 충당하면서도 부가가치가 발생한다는 것에 만족해야 할 것이다.

그럼 종잣돈을 불리기 위한 양도차익 관점에서는 어떨까? 단타수익을 목적으로 팔아도 현금투자금액 대비 충분한 차액을 남길 수 있으며, 부동산시장의 유동성이 어느 정도 회복하고 시장이 살아나서 다시 시세가 본래의 가격을 찾는 시점까지 기다린다고 하더라도 괜찮을 듯하다.

세상의 모든 자산은 장기적으로 반드시 오르게 되어 있기 때문이다. 휴지조각이 되지 않는 이상 말이다. 물론 종잣돈 전부를 내던져 투자한 것이라면 몇 푼 안 되는 월세 받으며 종잣돈을 묶어두지 말고 단타쪽으로 추천한다. 빨리 종잣돈을 키워 미래에 정말 월세부자가 될 수 있는 정도의 자본금을 만들어야 하기 때문이다.

1. 상대적으로 저평가 되어 있는 아파트 선정

2. 매매가 되기까지의 임대수익으로 역부가가치를 막아야 하기 때문에 임대수요와 회전율 체크한다(임대료를 조금 낮추더라도 대출금 이자를 모두 충당하고도 수익이 발생해야 함).

3. 1995년도 건물이기 때문에 노후·불량 상태에 따른 수선비를 과도하게 부담할 수 있다. 따라서 현장조사 시 경매물건의 호실을 반드시 방문한다(낙찰 후 월세로 임대차계약을 한 임차인은 수선을 해달라고 할 것이기 때문에 수선비가 잘못하면 과도하게 나갈 수 있음을 꼭 잊지 말자).

4. 급매로 내놓았을 때 바로 팔릴 수 있는 매수수요가 충분해야 하며, 양도차익까지 투자금액 대비 종잣돈을 부풀릴 수 있을 만큼의 금액에 팔아야 한다. 요즘은 경매가 대중화되어 아파트 낙찰가가 상당히 높으므로 경매에 대한 공부를 어느 정도 한 후 초보자들이 조금은 꺼리는 물건으로 응찰을 해야 한다.

🏠 빌라 ★★★☆☆

시건번호 2012-100595	시세	임대료	낙찰가
	170,000,000원	1,000/60만 원	121,000,000원

소 재 지	인천 부평구 부평동 116-11 청호노블레스빌 5층 [도로명주소]				
경 매 구 분	임의(기일)	채 권 자	한국양봉농업협동조합		
용 도	다세대	채무/소유자		낙 찰 일 시	13.11.25 (121,000,000원)
감 정 가	170,000,000 (13.01.04)	청 구 액	142,943,643	종 국 결 과	14.02.07 배당종결
최 저 가	83,300,000 (49%)	토지총면적	30.86 ㎡ (9.34평)	경매개시일	12.12.24
입찰보증금	10% (8,330,000)	건물총면적	71.58 ㎡ (21.65평)	배당종기일	13.03.06
조 회 수	금일 1 / 공고후 231 / 누적 440 [유효조회수 금일 0 / 누적 63]				[조회통계]

  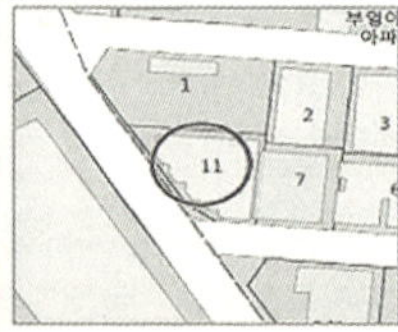 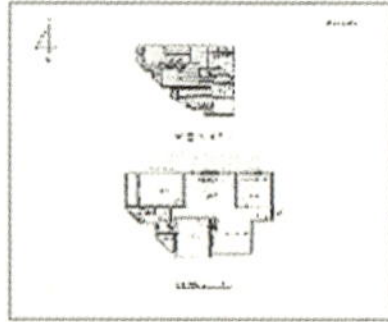

임대수익률 32%

항목	금액	단위
매입가	12,100	만 원
임대보증금	1,000	만 원
월세	60	만 원
대출금	10,890	만 원
대출이율	3.7	%

계산 결과

항목	금액	단위
실투자비	988	만 원
연간임대료수입	720	만 원
연이자	403	만 원
임대수익률	**32.09**	**%**
연순수익	317	만 원
월순수익	26	만 원

인천 부평구 부평시장역과 구청역 사이에 위치한 빌라이다. 15명이 응찰을 했었고, 차순위와 28만 원 차이로 낙찰을 받은 이 빌라는 임대수익률 32%라는 수치로 상당한 수익을 유지함과 동시에 아직은 소액투자로서 종잣돈을 늘리기 위한 조건도 안성맞춤이다.

1억 7000만 원 정도의 시세를 형성하고, 부평시장에서 업무를 보는 많은 수요들이 매수수요와 임대수요를 지탱해주고 있어 공실 없이 임대를 주다가 임대 만기 약 3개월 정도 전에 급매로 내놓아 팔면 언제든지 되팔아 양도차익을 통한 종잣돈의 파이를 키울 수 있다. 1억 2100만 원에 낙찰을 받았으니 급매로 1억 6000만 원에 내놓는다면 현금투입금액 대비 상당한 차익을 누리는 것이다.

지도를 보면 상업시설 내 둘러싸여 있다. 이런 곳은 부평시장 자영업을 하는 분들에게 금상첨화의 빌라가 된다. 출·퇴근이 가깝고 아이 학교와도 가깝고 3~4명 이상의 가족 구성원이 거주하기도 매우 양호한 평수이기 때문이다.

1. 부평시장역과 부평구청역 사이로 더블역세권에 위치해 있다.

2. 전용면적 22평으로 초등학생의 자녀를 둔 가족수요와 시장과 구청인력 수요가 충분하다.

3. 시세 대비 71%가격에 낙찰받아 양도차익으로 종잣돈의 파이를 충분히 키울 수 있다.

4. 빌라임에도 불구하고 입구 앞 중개업소가 두 곳이 있다. 매매 및 임대가 잘 이루어지는 곳이라는 점을 증명하는 셈이다.

5. 2008년도에 건축한 빌라로 외관과 내관이 매우 우수한 상태이다.

상가 ★★★★☆

시건번호 2012-39959[3]	시세	임대료	낙찰가
	180,000,000원	1,000/60만 원	98,800,000원

소 재 지	경기 용인시 수지구 상현동 54-5 , -10 신화 가동 ▨▨ [도로명주소]				
경 매 구 분	임의(기일)	채 권 자	경기남부수산업협동조합		
용 도	상가	채무/소유자	▨▨	낙 찰 일 시	13.11.22 (98,800,000원)
감 정 가	200,000,000 (13.08.14)	청 구 액	562,000,000	종 국 결 과	14.02.17 배당종결
최 저 가	68,600,000 (34%)	토지총면적	37.72 ㎡ (11.41평)	경매개시일	12.08.08
입찰보증금	10% (6,860,000)	건물총면적	28.84 ㎡ (8.72평)	배당종기일	12.10.19
조 회 수	금일 1 / 공고후 139 / 누적 362 [유효조회수 금일 0 / 누적 43]				[조회 통계]

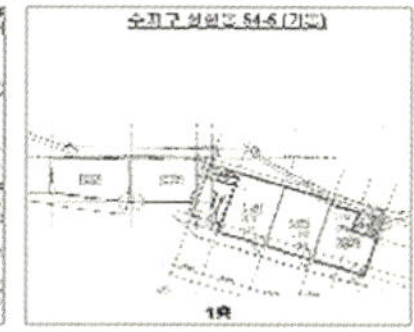

임대수익률 42%		
항목	금액	단위
매입가	98,800,000	원
임대보증금	10,000,000	원
월세	600,000	원
대출금	79,040,000	원
대출이율	3.9	%

계산 결과		
실투자비	9,760,000	원
연간임대료수입	7,200,000	원
연이자	3,082,560	원
임대수익률	**42.19**	**%**
연순수익	4,117,440	원
월순수익	343,120	원

용인시 수지구에 있는 상가 경매물건이다. 연간 임대수익률 42%에 이른다. 이것이 바로 경매라는 투자수단이 갖는 큰 위력이다. 그러니 대학에서도 경매가 교양과목으로 들어간다는 말이 여기저기서 나오는지도 모르겠다.

경매는 대출의 범위가 넓다는 장점을 활용해 경락잔금대출을 낙찰가 대비 80%로 받게 되면 임대보증금에서 현금투자금액 대부분이 회수가 되고, 임대료에서 금융권에 대한 이자를 지급하고도 월 34만 원의 부가가치가 생긴다는 전제하에 양도차익을 만들어내야 한다.

'상가는 매매가 힘들다'고 알고 있는데 무엇이든 하기 나름이다. 수익률이 7%가 넘는 상가를 구입하기 위해 기를 쓰고 다니는 투자자들은 많다. 그 수요를 타깃으로 하여 낙찰받은 상가의 세입자와 재계약을 하거나 명도 완료 → 새로운 상가 세입자와 계약 → 9880만 원에 낙찰받은 부동산을 1억 5000만 원에 내놓아도 그 찾기 힘들다는 7% 임대수익률을 거뜬히 넘어 8%의 수익성상품으로 매도할 수 있게 된다.

그렇게 되면 종잣돈 몇 천만 원이 얹어져 더 큰 파이의 수익성상품을 투자할 수 있게 되는 것이다. 단, 상가와 같은 경우에는 한 번 공실이 생기면 1~2년도 유지되는 리스크가 있는 만큼 상권분석을 통해 공실률과 회전율에 대한 신중함을 최고로 우선순위에 두어야 한다. 얼마나 높은 수익률을 기록하느냐보다 얼마나 지속적이고 안정적일 수 있으냐가 가장 중요한 핵심일 것이다. 상가를 투자할 때 중요한 것은 분양가 혹은 매매시세가 아니다.

투자금액 대비 임대수익성을 기준으로 하여야 한다. 사실 상가에서 매매시

세는 큰 의미가 없다.

Point

1. 경매를 통해 많이 유찰되어 최저입찰가가 낮은 것을 찾는다.
2. 공실률 및 회전율에 대한 조사를 꼼꼼히 한다. 1층에 공실이 하나라도 있으면 좋지 않다.
3. 경매인 만큼 당연히 권리분석을 명확히 한다(세상에 공짜는 없다. 경매를 통해 이점이 있는 만큼 수고해야 할 일이 생기기 마련이다).
4. 낙찰받은 금액에서 되팔 때 금액의 임대수익률까지 계산하여 시장가치가 있는지 계산한다.
5. 자신의 신용에 맞춘 경락잔금대출의 정확한 범위와 금리를 반드시 체크한다.
6. 상가는 미납관리비가 밀린 곳이 많다. 반드시 미납요금을 확인하여 인수할 수 있다는 전제하에 매입가에 반영해야 할 것이다.

제4부

임대수익+양도차익 실전투자
(부자로 가는 길)

01

1억
투자전략(다가구주택 / 숙박시설 / 아파트)

🏠 다가구주택(경상북도 칠곡군) ★★★☆☆

시건번호 2012-31130	시세	임대료	낙찰가
	450,000,000원	15가구 (합산 1억 4,000/322만 원)	351,990,000원

소 재 지	경북 칠곡군 북삼읍 숭오리 ** [도로명주소]				
경 매 구 분	임의(기일)	채 권 자	청운신용협동조합		
용 도	다가구주택	채무/소유자	****	낙 찰 일 시	13.06.20 (351,990,000원)
감 정 가	449,987,750 (13.01.09)	청 구 액	138,666,000	종 국 결 과	13.08.29 배당종결
최 저 가	314,992,000 (70%)	토지총면적	274.6 ㎡ (83.07평)	경매개시일	12.12.27
입찰보증금	10% (31,499,200)	건물총면적	487.65 ㎡ (147.51평)	배당종기일	13.03.15
조 회 수	금일 1 / 공고후 48 / 누적 98　　[유효조회수 금일 0 / 누적 3]				조회통계 📊
주 의 사 항	・임차인있음, 임대차관계 미상의 전입자있음. ・2013.01.04 전세권자 이종국 권리신고및배당요구신청 제출 ・2013.01.14 전세권자 이현균 권리신고및배당요구신청 제출				

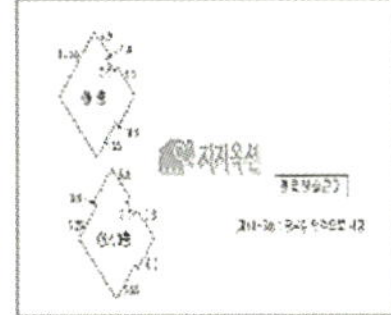

임대수익률 47%		
항목	금액	단위
매입가	35,190	만 원
임대보증금	14,000	만 원
월세	322	만 원
대출금	28,160	만 원
대출이율	3.7	%
계산 결과		
실투자비	190	만 원
연간임대료수입	3,864	만 원
연이자	524	만 원
임대수익률	**47.45**	**%**
연순수익	3,340	만 원
월순수익	278	만 원

　　1억 원으로 할 수 있는 물건 중 상당히 높은 임대수익률을 기록한 경매물건이다. 저자는 경상북도 칠곡산업단지 근처 다가구주택을 유심히 보는 편인데 산업단지 근처는 아니지만, 굉장히 우수한 수익성을 보여주는 다가구를 발견하게 되었다. 위 내용처럼 시세는 4억 5000만 원이지만 낙찰가는 3억 5000대에 낙찰이 되어 미래 1억 원에 차익이 생길 수 있는 경매물건으로 상당한 양도차익이 보장되었다.

　　동시에 임대수익률은 47%에 육박하여 월 278만 원가량의 순수익이 꼬박꼬박 통장에 부가가치로 쌓이게 되었다. 이런 물건은 종잣돈의 파이를 키우기 위해 양도를 하지 않고 지속적으로 가지고 가도 좋은 물건이다.

　이렇게 수익이 좋은 다가구 물건도 감수해야 할 것이 있다. 15가구의 임차인을 관리한다는 것은 매우 힘든 일이다. 어쩌면 매일매일 집주인 속을 뒤집어 놓는 전화가 임차인에게 올지도 모른다. 하지만 본업에 충실해야 하는 투자자로서 방어방법이 없는 것이 아니다.

　주변 중개업소 한곳과 전속중개계약을 맺고 주택관리업무를 위임하면 된다. 임차인이 계약기간이 다 되거나 중도퇴실을 하였을 경우 집주인의 대리인으로서 중개업자가 직접 세입자와 계약을 하여 회전이 될 수 있도록 하고, 임대차계약금 또는 잔금에서 법정수수료와 관리비용을 포함하여 거래에서 일어나는 금액에서 알아서 챙겨가도록 하면 굉장히 편리해질 수 있다. 실제로 수도권의 투자자가 칠곡산업단지쪽 다가구주택을 투자하면 대부분 중개업소에 전체 관리를 맡기고 있고 저자 또한 그렇다.

　저자는 개인적으로 구분상가 내 상가 한 호수를 사거나 오피스텔을 구입하는 것보다 위와 같은 수익성상품을 굉장히 선호한다. 이유는 토지에 대한 전체를 소유하고 있기 때문에 토지 전체와 건물을 함께 소유하는 것은 시간이 지날수록 구분상가나 집합건물과는 비교도 되지 않을 만큼 가치가 상승하기 때문이다.

1. 다가구주택은 1종 일반주거지역(토지이용계획확인원에서 확인할 수 있다)에 투자한다.

공동주택을 높게 건축할 수 있는 2종이나 3종 일반주거지역보다 토지가 저렴하기 때문에 구입 시 비용이 적게 들어 임대수익성이 보장이 된다. 2종과 3종 일반주거지역에 건축된 다가구주택은 상대적으로 토지값이 높기 때문에 비싼 값에 매입해야 하므로 수익성이 떨어진다.

- **제1종 전용주거지역:** 단독주택 중심의 양호한 주거환경을 보호하기 위해 설정하는 지역
- **제2종 전용주거지역:** 공동주택 중심의 양호한 주거환경을 보호하기 위해 설정하는 지역
- **제1종 일반주거지역:** 저층주택을 중심으로 편리한 주거환경 조성을 위해 설정하는 지역
- **제2종 일반주거지역:** 중층주택을 중심으로 편리한 주거환경 조성을 위해 설정하는 지역
- **제3종 일반주거지역:** 중층 및 고층주택을 중심으로 편리한 주거환경 조성을 위해 설정하는 지역
- **준주거지역:** 주거기능을 중심으로 이를 지원하는 일부의 상업 및 업무기능을 보완하기 위해 필요한 지역

2. 임차수요에 매우 민감해야 한다.

다가구주택은 많은 가구의 건물을 통으로 구입하여 양도차익과 매월 월세를 통한 부가가치를 안정적으로 발생시키기 위한 주택으로 원룸 1개

의 호실을 구입하였을 때보다 비용이 더 많이 들어갈 뿐만 아니라, 많은 가구 수를 모두 충족시킬 수 있는 수요가 뒷받침 되어야 한다. 15개의 호수가 있어도 5개의 호실은 임대차계약이 되고 나머지는 모두 공실이라면 막대한 손실을 보며 피눈물을 흘릴 수 있는 것이 다가구주택이기 때문에 임차수요는 절대적으로 구입선택에 있어 상당한 비중을 두고 반영해야 할 것이다.

임차수요에 있어서 시장조사를 할 때 가장 중요하게 생각해야 하는 것은 다음과 같다.

만약 산업단지 내 인력들의 수요로 돌아가는 다가구주택이라면 무엇을 고려해야 할까? 여러분도 알고 있다시피 대한민국 제조업들은 하루가 다르게 낙오가 되어가고 있다. 인력 감축과 동시에 기존 인력들의 임금문제도 악화되니, 당연히 산업단지 수익형 다가구주택들도 함께 상태가 악화되고 있다. 이런 사태는 과거부터 조금씩 쌓여온 것이다. 저자가 투자한 물건은 이러한 환경에도 잘 방어하고 있다가 최근 수익성이 악화되고 있다.

웬만해서는 꿈떡도 하지 않을 기업들로만 산업단지가 형성되지 않는 한 앞으로 이렇게 전망해볼 수 있다. 한국 청년들의 취업난으로 점점 더 해외로 나가는 일이 많아질 것이고, 제조 관련 산업 환경은 해결점을 찾기보다는 장기적으로 더 병들어 있을 것이다. 이것이 부동산에 미치는 영향을 모두 조합해 결론지으면 다음과 같다.

- 산업단지 내 땅값 하락
- 산업단지 주변 부동산 땅값 하락
- 수익형 부동산의 월 부가가치의 금액 크기 하락
- 임대회전율

이렇게 대표적으로 4가지 정도가 압축되는 것 같다.

그렇다면 만약 산업단지 주변 다가구주택을 투자하려면 임차수요를 어떻게 분석해야 할까? 현재 공실이 많다면 당연히 더 할 말이 없다. 현재는 괜찮더라도 앞으로 갈수록 임대수요가 줄어들거나 임대료를 낮춰 조정해야만 하는 상황이 올 것이라면 해당 물건의 가격을 더욱 낮춰 구입하거나, 차라리 돈을 조금 더 투자하더라도 산업단지 내 가장 좋은 위치를 선택해 입지적 우위조건으로 버텨낼 수 있을지 고민 후 구입해야 한다.

3. 교통 및 접근성이 좋지 않으면 아웃이다.

다가구주택의 임차 수요들의 상당 부분은 차를 소유하지 않은 임차인이 많다. 그럼에도 불구하고, 지하철이나 대중교통에 대한 접근성이 떨어진다면 공실률이 굉장히 높을 것이다.

4. 불법건축물의 여부를 확인한다.

요즘은 불법증축과 같은 불법건축행위로 건축물대장에 위반건축물로

걸려 있는 물건이 많은 편은 아니지만, 그래도 건축행위 내 불법의 행위가 있었는지 없었는지 반드시 건축물대장을 체크해야 한다. 잘못하여 6개월마다 이행강제금을 내면 그 금액이 상당하기 때문에 손실이 굉장히 클 것이다.

5. 수도권 다가구주택의 경우는 임대수익률이 평균 7.4% 정도이다.

성북(11%)·관악(10.1%)·서대문구(9.3%) 등으로 수도권에서 상위권을 유지하고 있지만, 저자는 개인적으로 지방쪽 다가구주택을 추천한다. 경매를 통한다면 수익률 20% 정도는 거뜬히 가능하다. 지방이라고 해서 임대수요가 낮거나 임대수익률이 낮은 것이 절대 아니다. 수도권만 선호할 필요는 없다.

> 1. 다가구주택은 1종 일반주거지역에 투자한다.
> 2. 임차수요에 매우 민감해야 한다.
> 3. 교통 및 접근성이 좋지 않으면 아웃이다.
> 4. 불법건축물의 여부를 확인한다.
> 5. 수도권 다가구주택의 경우는 임대수익률이 평균 7.4% 정도이다.

🏠 숙박시설 디벨로퍼 정신의 투자(충청남도 태안군) ★★★★☆

시건번호 2013-2004	시세	임대료	낙찰가
	650,000,000원	직접 운영 월 순소득 700만 원 이상 만들기	350,000,000원

소 재 지	충남 태안군 남면 신장리 ▦▦ 도로명주소				
경 매 구 분	임의(기일)	채 권 자	이에이케이유동화전문유한회사(양수인)		
용 도	숙박	채무/소유자	▦▦▦	낙 찰 일 시	14.02.10 (315,000,000원)
감 정 가	642,355,300 (13.02.05)	청 구 액	352,655,264	다 음 예 정	
최 저 가	220,326,000 (34%)	토지총면적	347 ㎡ (104.97평)	경매개시일	13.01.29
입찰보증금	10% (22,032,600)	건물총면적	653.67 ㎡ (197.74평)	배당종기일	13.04.22
조 회 수	금일 3 / 공고후 155 / 누적 535 [유효조회수 금일 0 / 누적 70]				조회통계
주 의 사 항	·일괄매각				

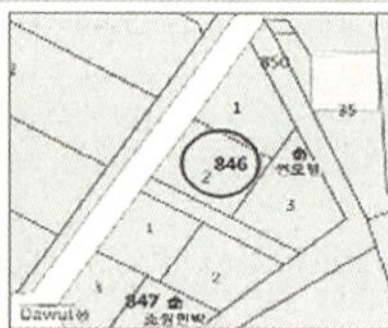

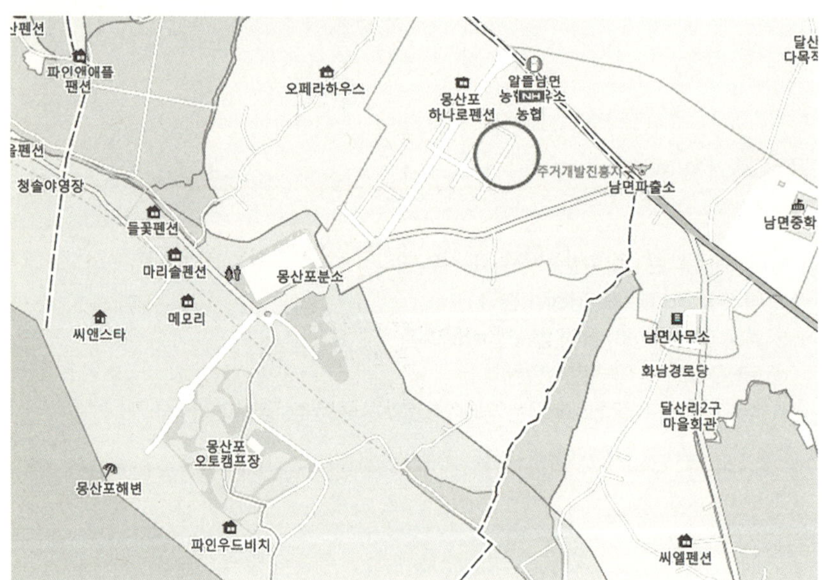

1억이라는 종잣돈으로는 임대수익보다는 양도차익으로 종잣돈의 파이를 더욱 키우는 것이 좋기 때문에 디벨로퍼 정신으로 3억 5000만 원의 양도차익과 월 부가가치 700만 원 이상을 기록하는 방법을 설명하려 한다. 위 숙박시설(썬모텔)은 몽산포해수욕장과 약 800m 정도의 거리에 위치해 있으며 객실 19개의 3층 건물이다.

위치가 중심상권가와는 거리가 조금 있기 때문에 불리한 숙박시설이지만, 조금 더 지도를 크게 확대해서 보면 주거개발진흥지구이고, 제2종 지구단위계획구역에 포함되어 있는 위치이다.

저자의 경매사이트에서 경매물건을 검색할 때 토지이용계획확인원을 통하여 무료로 확인할 수 있고, 일반 매매물건의 경우는 http://luris.moct.go.kr(토지이용규체정보서비스)에서 직접 해당 물건의 소재지를 입력하여 확인할 수 있다. 역시나 3년 연속 공시지가는 지속적으로 상승하고 있는 것도 눈여겨볼 만하다.

이 숙박시설의 경우는 어떻게 투자를 해야 할까? 저자가 위 물건에 투자한다면 다음과 같이 가이드라인을 그릴 것이다.

1. 3억 5000만 원에 낙찰
2. 경매대출 낙찰가의 80%(1금융 레버리지 활용) 투자현금 1억 이내
3. 영업 감각을 활용한 리뉴얼 작업(추가설명 있음)
4. 리뉴얼 과정에서 양도소득세 절감을 위한 필요경비 작업
5. 직접운영 월 순소득 평균 700만 원 이상 실현
6. 양도를 통해 자본수익 3억+자산소유기간 동안의 월 700만 원 부가가치(장기적으로 소유 시 주거개발진흥지구이자, 제2종 지구단위계획구역으로서의 미래 개발 혜택 가능)

위와 같이 현금 1억으로 차후 대략 2년을 잡고, 2년 뒤 자본수익 3억을 단숨에 만들어냄과 동시에 월 부가가치 700만 원까지의 수익을 실현하기 위해서는 영업 감각이 필수적으로 필요하다. 그래서 '디벨로퍼 정신'이라는 표현을 쓴 것도 그 이유에서다.

만약 저자가 위 숙박시설을 낙찰받는다면 준팬션으로 리뉴얼을 할 것이다. 위 숙박시설의 입구 옆에 나대지(지상에 건축물 등이 없는 대지)가 있다. 이것을 활용하는 방법이다. 썬모텔 입구 바로 밖에 큰 비닐하우스를 설치하고 테이블을 객실 수만큼 배치한다. 그리고 모텔 손님들이 밖으로 나와 바비큐 파티를 할 수 있도록 숯, 번개탄, 화로통, 고기 등을 일정비용을 받고 제공하는 것이다. 이 수익으로 추가 시설투자비를 장기적으로 회수해 나간다.

보통 몽산포해수욕장 근처 팬션은 1박 2일 이용하는 데 평균적으로 20만

원에서 30만 원이다. 하지만 단돈 5만 원에 숙소를 잡고 해수욕장을 즐기고, 모텔 야외바비큐장에서 바비큐파티를 할 수 있는 준팬션의 개념으로 차별화하여 새롭게 도약을 하는 방법이다. 물론 모텔건물 내 분위기를 조금 은밀하지 않은 분위기로 바꾸어 주는 것도 포인트다.

소비자 공략 광고 카피

- 팬션 같은 모텔

- 바비큐 파티를 할 수 있는 모텔

- 팬션 값 20~30만 원 아끼는 곳, 단돈 5만 원!

위와 같은 키워드로 바이럴마케팅 회사 등을 이용하여 인터넷에 퍼뜨리는 작업을 하고 노력한다면 봄, 여름, 가을, 겨울 모두 안정적인 수익이 가능할 것으로 판단이 된다. 이런 식으로 새롭게 단장하여 차별화된 영업방식을 택해 운영수익을 살린 뒤, 건물과 영업점 및 토지를 함께 6억 5000만 원에 급매로 양도하는 것이다. 결국 3억 5000만 원이라는 양도차익을 만들고 영업수익까지 합치면 이제는 평생 효자노릇을 할 수 있는 임대수익형 부동산을 장만할 차례가 올 것이다.

조금도 손댈 것 없는 메인상권의 보장된 임대회전율과 양도 환금성이 보장되는 물건은 절대로 싼값에 매수하여 고소득을 올릴 수 없다. '오히려 큰 수익이 되지 않는다'는 진실도 우리는 꼭 기억해야 한다. 어떠한 부동산을 보든 상상을 하고 그 지역과 위치에 맞추어 반드시 일으킬 수 있는 수많은 방법들을 연구해야 한다.

임대수익용 물건으로 중간에 전환하는 방법도 있다. 모텔을 리뉴얼하여 살린 뒤, 월 순소득 1000만 원 이상을 유지하도록 만든 시점에서 상가영업점 자체를 예를 들어 권리금 1억을 포함하여 보증금 1000만 원에 월세 300만 원 정도로 양도하는 것이다. 월세 300만 원을 고정적으로 임대수익으로 받으며 생활하다가 부동산 자체를 6억 5000만 원에 매매하는 방법도 있다. 물론 고난이도가 맞다. 하지만 누구나 할 수 있는 초보자용 투자방법으로 고수익을 올릴 수 있는 방법은 아직까지 없다. 앞으로도 없을 것이고.

🏠 아파트로 2배 수익(경기도 김포시) ★★★☆☆

시건번호 2012-7491[1]	시세	임대료	낙찰가
	350,000,000원	2,000/80만 원	231,000,000원

소 재 지	경기 김포시 장기동 613 전원마을 304동 10층 ●●● [전원로38번길 86]				
경 매 구 분	강제(기일)	채 권 자	김중호		
용 도	아파트	채무/소유자	●●●	낙 찰 일 시	13.03.28 (231,000,010원)
감 정 가	420,000,000 (12.04.15)	청 구 액	355,731,623	종 국 결 과	13.08.07 배당종결
최 저 가	144,060,000 (34%)	토지총면적	81.68 m² (24.71평)	경매개시일	12.03.30
입찰보증금	10% (14,406,000)	건물총면적	164.97 m² (49.9평)[62평형]	배당종기일	12.06.14
조 회 수	금일 1 / 공고후 243 / 누적 435 [유효조회수 금일 0 / 누적 1]			조회통계 📊	
주 의 사 항	· 유치권 [특수件분석신청] · 소멸되지 않는 권리 : 갑구 기재 가처분등기(2011.3.24.제18030호)는 말소되지 않고 매수인이 인수함. · 2012. 10. 8.자로 채무자 겸 소유자 ●●●로부터 이 사건 최선순위 가처분은 서울가정법원 2011드합1828호 이혼등 사건에서 조정성립되어 말소되어야 할 가처분이라는 보정서 제출 · 2013.2.6.자로 ●●●(임차인)으로부터 40,000,000원(매매계약금 및 리모델링비용)의 유치권신고가 있으나 그 성립여부는 불분명함.(2013.2.7. 추가기재) · 2013.02.06 유치권자 ●●● 유치권신고 제출				

  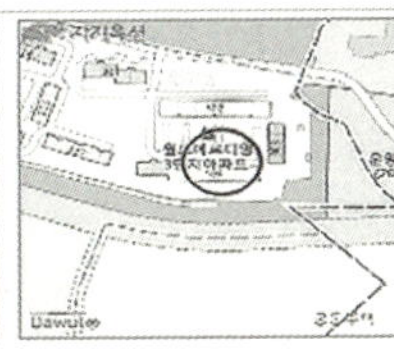 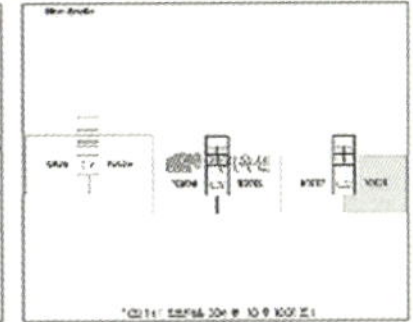

임대수익률 10%		
항목	금액	단위
매입가	23,100	만 원
임대보증금	2,000	만 원
월세	80	만 원
대출금	18,480	만 원
대출이율	3.7	%
계산 결과		
실투자비	2,620	만 원
연간임대료수입	960	만 원
연이자	684	만 원

임대수익률		10.54	%
연순수익		276	만 원
월순수익		23	만 원

위 아파트 물건의 경우는 경기도 김포시의 대형평수인 62평형의 아파트다. 아파트의 경우는 수요가 상대적으로 많은 선호평수의 경우는 낙찰가가 상당히 높기 때문에 흡족한 수익성을 기록할 수 없다. 그렇다고 매매가 잘되지 않을 것 같은 두려움, 즉 환금성에 대한 부분 때문에 대형평수를 포기할 수는 없다. 달동네가 아무리 좋지 않아도 그 지역 나름대로 수요가 있듯이 대형평수라고 하더라도 대형평수를 찾고 있는 수요들을 상대로 흡족한 가격에 잘 매도를 할 수 있다.

위 김포시 장기동의 낙찰물건의 경우 시세 대비 약 1억 2000만 원이나 싸게 낙찰받을 수 있었던 이유는 단순히 대형평수이기 때문에 그런 것은 아니다. 바로 유치권 신고가 들어와 있었기 때문이다. 여기서 경매를 조금 아는 분들은 이렇게 이야기한다.

"아파트 유치권은 99% 성립되지 않는다는 것을 이제는 누구나 아는 사실인데 낙찰가를 낮출 수 있나요?"

맞는 말이다. 유치권이라는 것은 해당 부동산에 대하여 공사를 하고 공사대금을 못 받은 업자가 공사대금을 회수할 때까지 본 부동산을 점유하면서 인도하지 않을 수 있는 권리이다. 결국 낙찰자가 공사대금채권을 인수하기 전에는 이용할 수 없는 권리이지만, 아파트의 경우는 유치권의 성립요건에 부합하는 공사가 거의 없다. 유치권의 효력을 갖기 위해서는 반드시 유치권자가 직접 점유를 하고 있어야 하는데, 아파트는 주거용 주택이기 때문에 소유자를 밀어내고 함께 유치권을 주장하는 자가 점유하는 것이 현실적으로 쉽지 않은 이유다.

유치권이 낮은 금액에 경매로 낙찰받는데 기여할까? 큰 기여는 아니지만 위의 신고내역을 보았을 시 유치권 금액을 40,000,000원으로 명시하여 들어간 비용에 대한 계산서도 함께 법원에 유치권 신고자가 접수한 것을 알 수 있다. 보통 유치권은 금액을 명시하지 않고 유치권 신고만 해도 법원은 받아주기 때문에 금액명시 없이 '떡~' 하니 '유치권 신고자 있음'이라고 나타나 있는 경우가 허다하지만, 앞서 말했듯 금액을 함께 명시하여 공시가 되면 웬만한 사람들은 해당 금액만큼을 입찰가에서 차감하거나 소심한 마음에 처음 생각했던 원래의 낙찰가에서 유치권 금액의 절반 정도라도 낮추는 경우가 많다. 결국 62평 경기도 김포시 대형아파트의 유사물건 평균데이터를 보아도 한 7000~8000만 원 정도 낮게 낙찰되는 게 정상임에도 불구하고 1억 2000만 원이나 낮게 낙찰받을 수 있었다.

이쯤에서 경매를 조금 아는 사람은 이런 질문을 또 하고 싶을 것이다.

"유치권 신고금액까지 명시되어 있는데 은행에서 대출해줄 때 그 금액만큼 빼고 해주지 않나요?"

아파트나 빌라와 같은 주택을 제외하고는 정상 대출금액에서 유치권신고금액을 빼고 대출을 해주는 것이 대부분이다. 은행지점장이 혈육이 아닌 이상! 하지만 아파트의 경우는 성립 자체가 부정되기 때문에 신고금액과 관계없이 1금융권에서도 충분히 경락잔금대출이 나오니 걱정할 필요가 없다.

이러한 대형평수 아파트를 싸게 낙찰받았다면 잔금납부일로부터 최대한 빨리 부동산을 점유자로부터 인수받아 임대차계약을 통해 월임대료 80만 원을 실현하고 대출이자를 충당해야 할 것이다. 어떤 부동산을 투자하든 역부가가치가 비용으로 발생하는 것을 최소화해야 하기 때문이다.

만약 대형평수라 월세계약이 많이 지연되어 연 10%의 임대수익을 보장받을 수 없을 것 같다면 전세로 내놓아야 한다. 전세로 놓으면 임차인으로부터 보증금을 받게 되는데 그 보증금으로 대출금을 갚고, 이자비용을 최소화시킨 뒤 매매작업에 몰두하길 바란다. 이것이 대형평수 아파트의 단점이다. 상업목적으로 매출이 일어나는 상가가 아닌 이상 대형평수 아파트는 월 임대료가 상당하기 때문에 작은 평수보다 월세 임대차계약을 하는데 조금은 어려울 수 있다. 이 부분에 대한 리스크는 적당히 감수하겠다는 자세가 필요하다. 완전히 리스크를 소멸시키는 투자를 하고 싶다면 1금융권 은행에 적금밖에 없으니 말이다.

주변 편의 및 생활시설, 교통 등을 잘 살펴 최소한 연 인플레는 방어할 수 있는 임대료를 안정적으로 받다가 양도차익을 실현시켜 좀 더 우수한 수익률과 수익금액이 보장되는 부동산으로 재투자하기를 바란다. 종잣돈이

1억 원이 전부인 투자자에게 해당되는 이야기다.

Point

1. 임대수익률이 인플레를 방어할 수 있어야 한다(연 인플레 평균 4.8%).
2. 대형평수 매입을 통해 미래 양도차익이 커질 수 있도록 한다. 하지만 임차인 수요만 많다면 이자를 충당하고도 수익이 매월 발생하니 빨리 안 팔린다고 목매달 필요가 없다. 따라서 환금성을 두고 고민하기보다는 차라리 임대회전율에 포커스를 맞추고 방어하라.
3. 대형할인마트+초등학교+역세권 이 3가지가 함께 포함된 아파트에 관심을 두어야 한다.
4. 추가적으로 단지의 형상, 동의 방향, 부지의 경사도, 인접한 아파트와의 높낮이 차이, 동간의 거리, 조경상태, 외벽의 상태, 주차장의 여유, 경비실의 유/무, 인터폰 설치 여부 등을 매입가격과 대비하여 적정하게 잘 갖추어져 있는지 체크해 보아야 한다.
5. 마지막으로 위와 같이 경매물건이라면 앞서 말한 유치권 신고의 경우는 낙찰가를 낮출 수 있다.

02

3억
투자전략(근린상가 / 숙박시설)

🏠 근린상가(경기 안산시) ★★★☆☆

시건번호 2011-26790[1]	시세	임대료	낙찰가
	900,000,000원	10,000/ 360만 원	630,000,000원

소 재 지	경기 안산시 상록구 사동 ■■■-■ 도로명주소			
경매구분	임의(기일)	채 권 자	유에이치제이차유동화전문유한회사(변경전 ㈜하나은행)	
용 도	근린주택	채무/소유자		낙 찰 일 시	13.03.28 (630,420,000원)
감 정 가	842,334,150 (12.02.17)	청 구 액	1,330,000,000	종 국 결 과	13.06.12 배당종결
최 저 가	589,634,000 (70%)	토지총면적	272.2 ㎡ (82.34평)	경매개시일	11.12.27
입찰보증금	10% (58,963,400)	건물총면적	682.42 ㎡ (206.43평)	배당종기일	12.05.14
조 회 수	금일 1 / 공고후 252 / 누적 902　　[유효조회수 금일 0 / 누적 4]			조회통계
주의사항	·일괄매각			

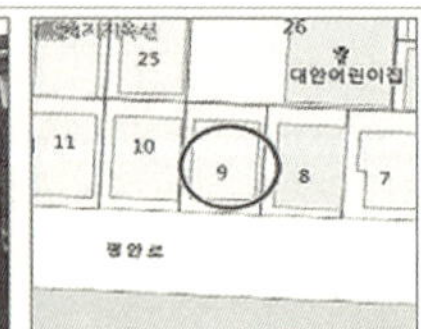
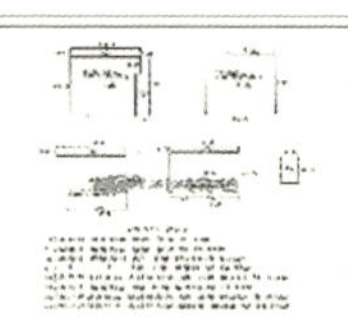

임대수익률 36%		
항목	금액	단위
매입가	63,000	만 원
임대보증금	10,000	만 원
월세	360	만 원
대출금	50,400	만 원
대출이율	4	%
계산 결과		
실투자비	6,298	만 원
연간임대료수입	4,320	만 원
연이자	2,016	만 원
임대수익률	**36.58**	**%**
연순수익	2,304	만 원
월순수익	192	만 원

자본금 3억이 되면 종잣돈의 파이를 키우기 위해 노력하기보다는 보유를 통해 안정적 수익을 유지하면서 양도를 통한 자본수익은 선택사항으로 두어도 좋다. 위 물건은 2013년 3월 28일에 경매를 진행한 물건이다. 1층과 2층은 점포이고, 3층과 4층은 주택으로 임대료를 받는 주택으로 활용되고 있다. 이렇게 주택과 상가와 함께 어우러져 있는 부동산을 근린상가라고 한다. 저자는 어떤 기준으로 위 근린상가와 같은 것을 낙찰받으라고 추천하는 것일까?

1. 토지 전체를 함께 매수

앞서 이야기한 바 있듯이 감가상각이 되지 않는 토지가 반드시 있어야 한다. 그렇지 않으면 미래에 양도도 잘되지 않고 월세는 지속적으로 하락하기 때문이다. 위 근린상가는 토지 88평을 함께 소유할 수 있고, 해당 토지는 2010년부터 지속적으로 공시지가가 상승하고 있었다. 대로변 정사각형으로 반듯하게 잘 만들어진 대지이며 미래에 재건축시기가 되었을 때 매도하기 상당히 좋다.

2. 상가와 주택의 조화

대로변 위 상권의 경우는 상가 1층과 2층은 공실률이 굉장히 낮다. 결국 임대회전율 면에서 안정적일 수 있다는 전제하에 월세 임대료까지 주택과는 비교되지 않을 만큼 높게 받을 수 있다. 주거를 위한 시설도 들어가지 않으니 임차인의 수리 요청도 주택에 비하여 굉장히 적다. 결국 높은 임대료를 받으면서 수리 요청과 공실률이 적으며 한번 들어온 상가임차인은 주거용주택에 비하여 오랜 기간 임대차 관계를 이어가는 장점이 있다.

3층과 4층은 상가로는 회전율이 낮아질 수 있다. 수요가 부족할 상권이기 때문에 주거용 원룸주택으로 구성하여 공실 없이 안정적으로 유지한다. 3억 정도 현금을 보유한 투자자에게 안성맞춤이었다.

3. 자본수익(양도차익)에는 으뜸이다.

물론 아파트와 같이 매수수요가 많지는 않아 양도를 하는 데 시간이 걸릴 수 있지만, 대출이자를 비용으로 지불하고도 연 임대수익률이 36%가 나온다. 감이 올지 모르겠지만 굉장히 큰 수익률이다. 이렇게 월 부가가가치가 우수하게 들어오는 상황에서 양도에 있어 조급해질 필요가 없기 때문에 편안한 마음으로 본 시세인 9억에 맞추어 팔 수도 있고, 세월이 지나 10년 후 물가상승률과 자산 자체의 가치 상승을 통해 더 큰 금액으로 양도를 하면 된다. 위 물건 같은 경우는 6억 3000만 원에 낙찰을 받았으니 낙찰 후 들어가는 비용을 모두 계산해도 7억이면 되기 때문에 경매낙찰의 장점을 통해 처음부터 2억의 실현가능수익을 보장받는다.

위 근린상가를 통해 대출이자를 부담하고 약 300만 원 정도의 임대료를 받게 되니, 이 정도면 내가 하고 싶은 일을 자유롭게 하면서 소득이 적더라도 충분히 수익형 부동산의 잉여를 누리며 생활할 수 있게 된다. 인플레로 인해 월 300만 원이 나중에는 더 작은 가치가 되지 않는지 질문하는 분도 한 번씩 있는데, 인플레만큼 토지의 가치가 상승하고, 임대료도 올려 받을 수 있기 때문에 방어에는 문제가 없다.

단, 건물이 많이 노후되어 역할을 할 수 없을 정도가 된다면 당연히 임차수요가 없기 때문에 이때는 건축업자에게 양도하여 자본수익을 얻은 뒤 더 우수한 수익형 부동산을 매수하면 된다. 건물 노후로 인하여 매도를 할 때는 건물 값은 빼고 토지의 값으로만 매도해야 한다. 매수자는 건물철거비용까지 들어가기 때문에 건물값을 합한 매도가는 인정하지 않을 것이다. 참고로 위 낙찰물건은 2003년도 건축건물이기 때문에 앞으로도 10년은 충분히 임대수익의 잉여를 누릴 수 있다.

🏠 숙박시설(인천 주안동) ★★★★☆

시건번호 2011-46199[1]	시세	임대료	낙찰가
	1,400,000,000원	40,000/ 1,200만 원	1,001,000,0000원

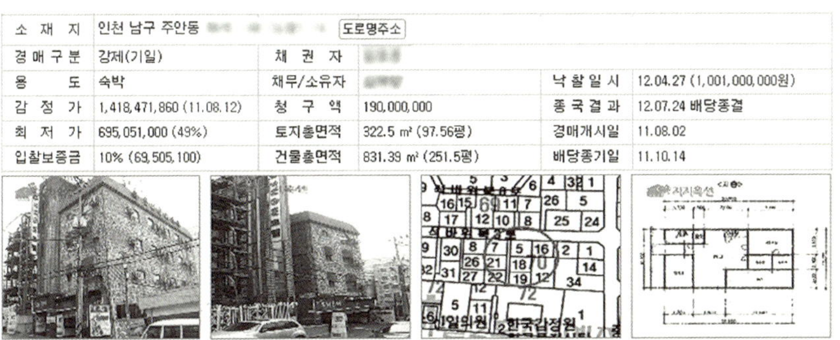

소 재 지	인천 남구 주안동 [도로명주소]			
경 매 구 분	강제(기일)	채 권 자		
용 도	숙박	채무/소유자		낙 찰 일 시	12.04.27 (1,001,000,000원)
감 정 가	1,418,471,860 (11.08.12)	청 구 액	190,000,000	종 국 결 과	12.07.24 배당종결
최 저 가	695,051,000 (49%)	토지총면적	322.5 ㎡ (97.56평)	경매개시일	11.08.02
입찰보증금	10% (69,505,100)	건물총면적	831.39 ㎡ (251.5평)	배당종기일	11.10.14

임대수익률 46%		
항목	금액	단위
매입가	100,100	만 원
임대보증금	40,000	만 원
월세	1,200	만 원
대출금	80,080	만 원
대출이율	4	%
계산 결과		
실투자비	24,000	만 원
연간임대료수입	14,400	만 원
연이자	3,203	만 원
임대수익률	**46.65**	**%**
연순수익	11,197	만 원
월순수익	933	만 원

위 경매물건은 형성된 시세보다 약 4억 정도 낮게 구입한 숙박시설(모텔)이다. 숙박은 물건의 용도만으로도 특수성을 띄기 때문에 일반 대중들의 투자가 적다. 여러 회 유찰이 되고서 관심을 두고 있던 수요자들이 입찰에 참여하기 때문에 가격도 낮아진다. 숙박시설을 구입하는 목적의 상당 부분이 직접 운영을 하여 리뉴얼하고 상권을 살린 뒤, 되팔아 자본수익을 남기고자 하는 가이드라인으로 구입하기에 운영에 대한 경험과 노하우가 없는 분들은 선뜻 마음이 가지 않을 수 있다. 하지만 상가를 구입할 때 보면 삼겹살집으로 운영되고 있다고 삼겹살집을 구입해 운영할 계획보다는 임

대를 놓아 수익형 부동산으로 운영하고자 하는 것이 일반적 상식인 것처럼 숙박시설도 운영에 대한 지식이 없더라도 임대를 놓아 임대수익으로 으뜸이 될 수 있다는 것이다.

위 숙박시설은 3억의 종잣돈으로 초기 현금투입금액이 약 2억 4000만 원가량 투입이 되고, 임대차계약을 보증금 4억에 월 임차료 1200만 원으로 계약을 하는 순간 임대수익률이 연 46% 가까이 된다. 건물 전체를 숙박시설 운영자에게 임대해 주는 것이다. 이것은 엄청난 수익률이다. 뿐만 아니라 보증금이 4억이기 때문에 대출금을 제외한 투입 현금 2억 4000만 원이 모두 회수가 되니 금상첨화라고 할 수 있다. 이렇게 현금이 모두 회수된 상태에서 월 900만 원 상당의 부가가치가 매월 내 통장에 찍히기 때문에 노후는 안전하게 보장이 된다고 볼 수 있다. 또한 경매라는 제도를 통해 4억 정도를 싸게 낙찰받은 이점이 생겼으니 되팔고 싶을 때는 현 시세대로 중개업소에 내놓고 월 임대료 900만 원 이상을 받으며 편안한 마음으로 새 주인을 기다리면 된다. 이것이 위 물건이 가진 특장점이다.

하지만 단점도 있다. 물건의 객체가 크면 클수록 공실률의 리스크가 커질 수 있다. 숙박시설을 임차하여 운영수익을 목적하는 수요들이 군침을 삼킬 수 있도록 많은 고민과 준비를 하여 알려나가는 홍보작업이 반드시 필요하다. 당연히 주변 중개업소에는 모두 내놓고 임대차계약을 성사시켜 줄 시 수수료는 2배로 주겠다는 약속할 수도 있다. 그럼 중개업자는 숙박시설을 찾는 손님이 왔을 때 반드시 계약을 시키고 싶은 1순위 공략 숙박시설이 되어 빠른 임대차계약이 수월할 수 있다. 동시에 인터넷 매물시장(부동산114, 네이버부동산, 블로그, 카페 등)을 통해 홍보작업을 함께 해나간다면 매우 좋다. 늘 이야기하지만 중개업소에 성의 없이 내놓고 줄 서서 기다리는 손님 노릇만 하고 있다면 내 부동산을 계획대로 관리하기 힘들다.

이 물건을 선택한 이유

1. 메인 상권에서는 약간 벗어났지만 투자금액 대비 수익성이 매우 양호

2. 인근의 간석역 역세권+주안역 환승역과 주안역세권개발사업의 미래가치

3. 주안 2동과 4동이 주변 발전의 수혜지역으로 손꼽히며 오히려 뉴타운 발표가 난 지역보다 저평가가 되어 있어 장기적인 관점에서 투자조건 양호

4. 트리플 역세권으로 개발되고 있는 주안역은 인천시의 버스노선 중 80%가 경유, 1호선 인천메트로에 따르면 주안역을 이용하는 승객이 연간 2,447만여 명

5. 교통 호재로 인천 지하철 2호선의 환승역으로 확정, GTX철도망 송도선의 중간 정착지. 송도에서 주안역까지 경전철 노면트램이 민간자본으로 2014년까지 설치가 확정되어 있어 사통팔달 인천 최고의 교통요충지로 부각될 전망

6. 본 물건의 주변 주안역은 인천시가 지정한 '2030 로데오거리'로 전국지가 상승률 1위답게 일일 유동인구가 40만 명이고, 20~40대 젊은층의 거리로 주점, 호프, 노래방, 당구장, 오락실, 먹거리, 놀거리, 각종 술집 위주의 업종이 주로 밀집되어 현재의 모텔수익성의 안전성

7. 위 내용들을 조합하였을 때의 현재 가치와 미래의 가치상승이 매우 양호할 것으로 결론

이렇게 당장의 임대수익 외에도, 주변 상권의 발전으로 숙박시설의 토지 97평의 가치도 함께 점쳐 볼 수 있어야 한다. 주변의 변화가 당장의 임대수익도 낮추고 올릴 수 있으며, 미래의 자본수익을 위한 시세까지 위아래로 흔든다는 것을 늘 마음속에 새기고 종합적인 가치판단을 해야 할 것이다.

🏠 근린상가(경기도 수원시) ★★★☆☆

시건번호 2011-19255[1]	시세	임대료	낙찰가
	5,500,000,000원	43,800/ 2,200만 원	3,881,100,0000원

소 재 지	경기 수원시 권선구 권선동 ▒▒▒▒ 도로명주소		
경 매 구 분	임의(기일)	채 권 자	우리이에이제11차유동화전문류한회사	
용　　도	근린상가	채무/소유자	▒▒▒▒▒▒▒▒▒	낙 찰 일 시	12.09.27 (4,169,999,000원)
감 정 가	5,509,975,200 (11.05.19)	청 구 액	18,613,000,000	다 음 예 정	
최 저 가	3,526,381,000 (64%)	토지총면적	551.8 ㎡ (166.92평)	경매개시일	11.05.06
입찰보증금	10% (352,638,100)	건물총면적	3380.26 ㎡ (1022.53평)	배당종기일	11.07.21
조 회 수	금일 2 / 공고후 652 / 누적 1,697　　[유효조회수 금일 0 / 누적 3]		조회통계 📊
주 의 사 항	· 일괄매각. · 2011.05.19 전세권자 ▒▒▒ 배당요구신청 제출 · 2011.05.19 전세권자 ▒▒ 송달장소및송달영수인신고서 제출		

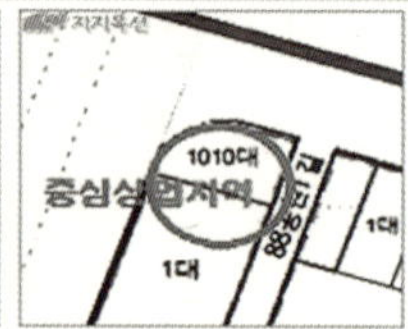

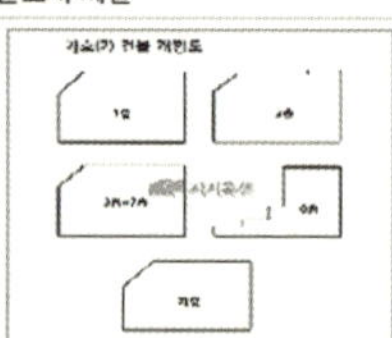

임대수익률 24%		
항목	금액	단위
매입가	388,100	만 원
임대보증금	43,800	만 원
월세	2,500	만 원
대출금	310,480	만 원
대출이율	6	%
계산 결과		
실투자비	33,820	만 원
연간임대료수입	30,000	만 원
연이자	18,629	만 원
임대수익률	**24.44**	**%**
연순수익	11,371	만 원
월순수익	948	만 원

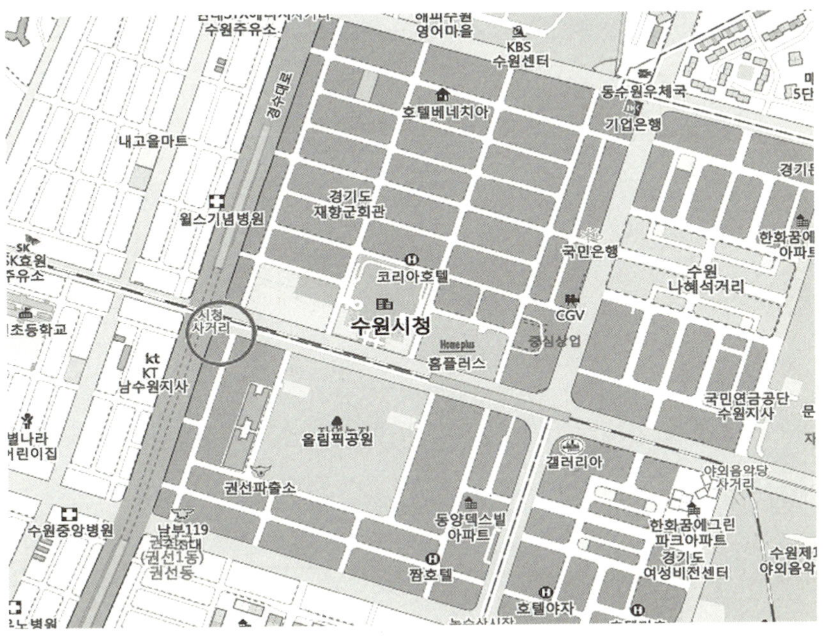

드디어 현금 10억 투자까지 왔다. 지금부터는 큰 실수만 하지 않고 자신의 금융지식의 기본기만 탄탄하다면 자본금의 파이를 키우기에도 매우 편안한 위치에 포지셔닝되어 있으며, 임대수익도 생활하기 충분하여 노후에 일용할 양식을 찾아 파고다공원에 앉아 있을 일도 없을 것이다.

2012년 9월 27일 낙찰된 경기도 수원시의 물건을 소개하려 한다. 위 물건은 토지 166평에 건물 총면적이 약 1000평이며, 낙찰 당시 20명의 임차인이 있었다. 위 물건은 거래가능 시세 대비 약 16억 정도를 낮게 낙찰받음으로써 임대회전율만 유지한다면 양도 시 10억으로 16억 자본수익이 가능하다. 또한 임대수익면에서도 경락잔금대출을 낙찰가 대비 80%를 받고 그 이자를 비용으로 충당하더라도 월 950만 원이 나오며 연으로는 약 1억 1300만 원이 나온다. 직장에서도 연봉 1억이면 대한민국 상위 10% 이내는 충분히 들어가고도 남는 수준이다. 잘 키운 자식 한 명이 소득 전체를 책임져 주는 것과도 같다.

이 물건을 매매 시 다음을 고려했다. 수원시청과 공원, CGV, 홈플러스(대형할인마트) 등의 접근성이 우수하고, 대로변에 위치하여 있는데 대로변 맞은편은 주거지역으로서 빌라와 단독주택이 혼재한 지역이다. 저자는 이 토지의 가치가 앞으로 지속적으로 상승하고 활용도가 높아져 미래의 자본수익이 단순히 경매저가 낙찰을 통한 16억 차익이 아닌 중·장기적으로 20억을 훨씬 뛰어넘을 수 있을 것이라고 예측했다.

동시에 본 빌딩의 맞은편은 장기적으로 재건축 및 재개발을 통해 주상 복합 및 아파트와 같은 개발호재를 통해 유동인구가 늘어날 것이고, 이에 따른 토지가치와 임대용으로의 수요가 상승함으로서도 시너지 효과가 나올 수 있을 것이라고 판단을 했다.

만약 이 판단이 모두 빗나간다고 하더라도 위 낙찰받은 물건의 경우는 내가 마음이 급하지 않는 이상, 임대차 관리를 제대로 못하지 않는 이상 본전 이하의 수익은 없을 것이며, 기회비용 면에서도 어떤 투자보다 앞선 수익을 지속적으로 유지해나갈 수 있다고 본다.

공시지가 추이	구분	2014	2013	2012	2011	2010
	지가(㎡)		3,840,000 ▲3.5%	3,710,000 ▲6%	3,500,000 ▲2%	3,430,000 －0.0%

공시지가의 경우도 2011년부터 2013년 모두 지속적으로 상승하고 있는 것을 볼 수 있다.

이제 조금씩 보이는가? 500만 원부터 3억에 이르기까지 투자금액이 커지면 커질수록 투자수익률과 안정성 등이 보장되고, 내가 가진 파이의 크기가 크면 클수록 부가 쌓이는 크기의 속도는 그만큼 빨라진다. 아마 현금 10억이 있다면 그동안의 부동산 투자를 해온 경험과 노하우를 뒷받침하여 나의 일용할 양식을 평생 책임져 줄 수 있는 수단이 완벽하게 마련됨과 동시에 미래에 자녀에게도 남겨주고 갈 것이 쓴 만큼 줄어들어 있는 것이 아닌 더욱더 많아졌을 것이라고 본다. 물론 자식에게 상속을 권하는 것이 아니다. 논리상으로 그렇다는 것이니 각자의 가치관과 철학대로 맞추어 가면 된다.

근린상가 투자 시 포인트

1. 임대회전율과 공실률이다. 공실이 많으면 수익은커녕 이자도 감당 못하고 재경매에 들어갈 수도 있다.
2. 임대수요 조사를 철저히 해야 한다. 현재의 수요와 앞으로의 수요까지 예측해야 한다.
3. 역세권이나 대로변 상가를 눈여겨보아야 한다.
4. 상가의 입지가 주동선에서 옆으로 길게 뻗은 상가를 선택하는 것이 중요하다. 상가 전면이 좁고 안쪽이 긴 상가보다는 옆으로 길게 뻗은 상가가 가시성과 활용성이 훨씬 뛰어나다.
5. 노점상이 있는 곳의 상가가 좋다. 노점상이 있는 것을 다르게 말하면 유동인구가 그만큼 많다는 이야기다. 노점상과의 경쟁관계도 따져봐야 하지만 일반적으로 상호보완관계라고 본다.
6. 택지개발지구 내 상권 형성이 아직 안정기까지 오지 않았다면 무리한 대출로 구입은 매우 위험하다.

🏠 다가구(경기도 부천시) ★★★☆☆

다음은 토지가치가 훌륭한 다가구건물 분산투자 물건이다.

시건번호 2013-18184	시세	임대료	낙찰가
	450,000,000원	7,000/ 200만 원 (전세 2억 6,000만 원)	33,700만 원

소 재 지	경기 부천시 원미구 중동 812-6 도로명주소		
경 매 구 분	임의(기일)	채 권 자	㈜융창상호저축은행
용 도	다가구주택	채무/소유자	●●● 낙 찰 일 시 14.02.27 (303,879,000원)
감 정 가	380,246,320 (13.07.12)	청 구 액 75,000,000	다 음 예 정
최 저 가	266,172,000 (70%)	토지총면적 114.9 ㎡ (34.76평)	경매개시일 13.07.03
입찰보증금	20% (53,234,400)	건물총면적 282.31 ㎡ (85.4평)	배당종기일 13.09.12
조 회 수	금일 1 / 공고후 201 / 누적 558 [유효조회수 금일 0 / 누적 131]		조회통계

임대수익률 20%

항목	금액	단위
매입가	33,700	만 원
임대보증금	7,000	만 원
월세	200	만 원
대출금	18,800	만 원
대출이율	4	%

계산 결과

항목	금액	단위
실투자비	7,900	만 원
연간임대료수입	2,400	만 원
연이자	752	만 원
임대수익률	**20.86**	**%**

연순수익	1,648	만 원
월순수익	137	만 원

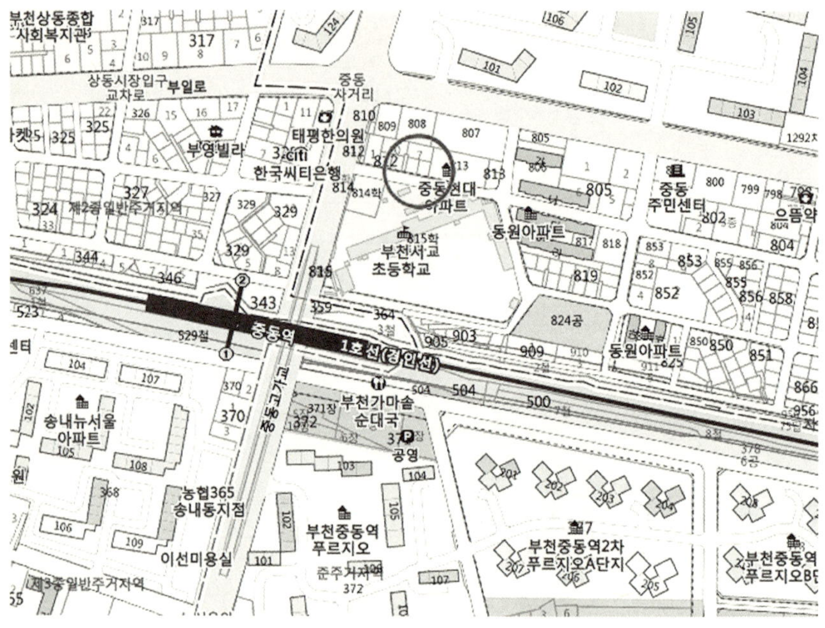

   현금 10억이 있을 시 수익형 부동산을 투자하는 방법 중 저자가 가장 좋아하는 타입이기도 하다. 미래에 자본수익과 현재의 임대수익이 균형을 이루는 전제하에 토지가치의 비전이 풍부한 땅 위에 지어진 다가구건물을 분산투자하는 것이다.

   위 경매물건의 경우는 2013년 12월 19일에 낙찰받았던 물건이다. 위 물건은 중동역 바로 이면에 부천서초등학교를 끼고 있다. 교통이 우수하고 바로 앞에 초등학교가 있으며 임차인이 가족단위이기 때문에 공실률이 적고 잘 회전할 수 있다. 경매로 낙찰을 받았기 때문에 투자금액 대비 임대료를 조금 낮추어 받아도 그 수익성이 웬만한 투자상품보다 훨씬 낫다.

또한 본 토지의 주변환경이 모두 아파트 대단지로 택지개발되어 우수한 주변환경을 갖지만, 해당 낙찰물건은 아직 개발되지 않은 채 노후되어 있다. 경기도는 주거환경의 균형을 맞추기 위해 본토지 주변을 재개발하기로 계획하여 진행 중에 있는데, 정부의 경제환경이 좋지 않아 잠시 보류되어 있는 상태이다.

이런 물건은 장기보유 시 중동역과 1분 거리, 초등학교를 둘러싼 주거환경 개선을 위한 재개발로 토지가치가 미래에 굉장히 높아질 수 있는 조건을 갖고 있다. 이러한 물건처럼 미래에 자본소득과 임대소득이 안정적으로 받쳐주는 물건은 레버리지(대출)를 활용하여 3~4개 정도 분산투자하여 보유한다면 그야말로 부동산 투자에 있어서 금상첨화이다.

위와 같은 물건은 자본금 3억으로 종잣돈의 파이를 키우기 위한 목적을 가진 투자자들에게도 좋은 투자일 수 있다. 시세 4억 5000만 원인 다가구주택을 3억 3700만 원에 낙찰을 받아 경락잔금대출을 받는다. 조금은 금리가 높을 수 있지만 중도상환을 목적으로 80%의 대출을 받는 것이다. 80%의 대출을 받게 되면 담보대출금액이 약 2억 7000만 원이 나온다.

명도의 과정 2~3개월 동안의 대출이자를 줄이기 위해 대출계약을 30년 만기로 하여 월 납입금액을 줄인 뒤, 명도가 완료되고 건물 전체의 호수를 전세로 놓으면 약 2억 6000만 원가량이 보증금으로 회수가 된다, 그때 약간의 중도상환수수료를 납부하더라도 보증금 전액으로 대출금 원금 전액을 상환한다면 그때부터 이자부담은 없어진다. 이자부담이 사라진다면 양도에 있어서 매수자에게 더욱 편안하고 유리한 자세로 협상에 임하여 매도할 수 있게 되는 것이다. 양도를 한다면 취등록세와 기타 인테리어 비용 등을 양도세에서 감면받아 즉시 팔아도 5000만 원 이상의 순수익은 거둘 수 있으며, 보유기간이 늘어나면 늘어날수록 양도세율이 적어지니 그만큼 자본소득이 커질 것이다.

사실 건물이 많이 노후되어 있다. 초보자분들은 '이렇게 노후된 건물이 제값에 잘 팔릴까?'라고 생각하지만 위 사건의 경우는 건축업자 및 투기(?) 하는 사람들에게 땅의 가치 하나만으로 상당히 매력적인 물건으로 매도에 있어 어려움이 없다.

또 해당 시세 4억 5000만 원은 토지 시세로만 90% 이상으로 계산된 것이다. 그 말은 처음부터 건물 값은 거의 생각도 하지 않고 낙찰받았으며, 임대수익 또한 건물의 노후 정도가 모두 반영된 금액인 것이다. 결국 그에 맞는 형편의 임차인 수요는 많다는 의미다.

감이 오는가? 누가 보아도 모든 면에서 완벽한 부동산은 절대 A급 물건이 아니다. 숨어 있는 미래가치를 정확히 보고 해당 부동산을 현시점에서 스스로 정확히 감정할 수 있고, 동시에 활용목적만 현실적으로 뚜렷하다면 이러한 다가구주택을 통해 훌륭한 수익을 이루어 낼 수 있을 것이다.

이런 논리에서 한번 생각을 해보자. 누가 보아도 최고의 조건을 갖춘 부동산은 인기가 많아 경매로 거의 시세에 가까운 3억에 낙찰을 받았다. 그리고 임대수익은 연 4%를 간신히 넘기고 있다. 세입자 문제로 고생하느니 차라리 은행에서 적금을 드는 것이 낫다.

하지만 종잣돈이 부족해 앞 조건보다 상대적으로 더 좋지 않은 부동산을 1억 5000만 원에 낙찰을 받았다. 투자금액이 적어 연 임대수익은 8%를 받을 수 있으나, 전자의 부동산보다 위치가 좋지 않으니 임대료를 낮추어 연 임대수익률을 6%에 맞추면 공실률도 적고 임대수익률도 훨씬 우수해진다. 바로 이런 관점에서 경매를 활용해 부동산에 투자하는 것도 좋은 방법이다.

임대수익률의 천적들

빌라의 천적

1. 초등학교가 근접하지 않았다면 투자하지 말자.

빌라 실거주 목적의 수요 대부분 사람들은 신혼부부처럼 결혼생활이 얼마 되지 않아 어린아이들이 가족구성원으로 있는 경우가 대부분이다. 왜 그럴까? 나 홀로 아파트가 아닌 이상 반드시 초등학교를 고려하여 아파트를 건축하기 때문이다. 하지만 이제 막 결혼을 시작하는 젊은이들에게 신혼집으로 아파트는 지가가 상당하기 때문에 2차 대안으로 빌라를 선택하는 것이다.

결국 빌라 수요의 상당수가 초등학교가 가까운지를 1~2순위로 두기 때문에 만약 초등학교가 존재하지 않는다면 임대는 되지 않고, 늘 강조하지만 대출이자만 나가면서 역부가가치만 발생한다. 그런 빌라는 임대수익은커녕 비용만 지출하게 되어 마이너스가 되며, 매도하고자 해도 매수수요 또한 찾기 쉽지 않을 것이다.

2. 개발호재의 덕을 기다릴 생각이 아니면 지하층과 탑층은 NO

지하층은 여름이나 겨울이나 늘 수선비용자들에게도 회피대상 1순위층이다. 원룸빌라에 잠시 눈만 붙이기 위해 임대를 얻는 경우를 제외하고는 임대차 계약이 쉽지 않고 비용이 많이 들어가니 웬만하면 후순위로 두길 바란다.

탑층의 경우는 지하층보다는 낫지만 역시나 선호도는 굉장히 떨어진다. 요즘은 2층도 엘리베이터를 타고 올라가려고 하는 시대이기 때문에 4층 높이를 걸어 올라가려고 하지 않고, 노후된 빌라는 옥상방수 문제로 갈등을 일으킬 수 있다. 하지만 가격을 매우 저렴하게 매입하여 임대료를 조금 낮출 수 있고, 차후에 급급매 가격으로 양도를 하더라도 수익이 날 수 있다는 판단이 선다면 투자를 해도 좋다.

3. 언덕 위에 빌라가 가진 리스크

과거에는 도심지가 넓지 않아 높은 경사지에 주택을 많이 지었다. 하지만 요즘은 도시개발사업 등을 통해 평탄한 지대에 아파트와 빌라 등이 많이 들어서면서 경사진 언덕 위에 주택은 선호하지 않으며, 공실률도 높으니 참고하길 바란다. 결국 높은 경사지는 낮은 지대에 빌라 옥상충보다도 못할 수 있다는 점 다시 한 번 명심하자. 지출해야 하는 빈도수가 상당하며, 세입 자도 구하기 어렵다.

4. 고급빌라가 아니면 소형빌라를 구입해야 한다.

고급빌라의 경우는 방배동, 한남동, 평창동에 많이 지어져 있다. 이런 포 인트라면 대형평수의 빌라도 환금성 및 임대수익성 면에서 큰 문제가 되지 않을 수 있지만, 서민들이 거주하는 주택이라면 큰 평수는 관리비가 부담스 럽고, 각종 요금들도 배로 많이 나오기 때문에 임대가 잘 되지 않으며, 매매 (양도)를 하려고 해도 어려움을 겪게 된다. 하지만 가족 구성원 3~4명이 생 활하기 알맞은 소형평수의 경우는 임대 회전율 및 환금성에 있어서 상대적 으로 우위에 있다는 점 참고하자.

이러한 회피 조건을 잘 가려내지 못하고 투자를 하게 되면 공실상태가 오래 갈 수 있고, 공실상태가 오래 간다는 것은 목표한 수익률을 이룰 수 없다는 것을 의미한다. 몇 개월만 공실이 생겨도 역부가가치 발생으로 연간 수익률이 바닥으로 다이빙을 하고 말 것이다. 이렇게 회피조건들을 적다 보 니 왜 이리 쏠쏠했던 기억만 떠오르는지.

상가의 천적

1. 역세권, 관공서, 산업단지 근처를 벗어나면 신중하기

역세권이야 설명이 필요 없을 듯하고, 관공서(시청, 구청, 법원, 세무서 등)를 주변으로 한 상가는 대체적으로 큰 착오나 실수만 없다면 안정적일 수 있다. 또한 산업단지 근처의 경우에는 산업체와 함께하는 협력업체들의 임대수요도 함께 있으니 공실률에 있어서 상대적으로 리스크가 적다. 하지만 수도권 상가라면 역세권과 관공서 주변이 상권은 우위에 있다고 봐야 할 것이다. 수도권의 산업단지는 대부분 중소기업이기 때문에 공장 내에 사무실이 있는 경우가 많고, 외부 협력업체의 사무실 임대수요가 있다고 하더라도 직원들의 출퇴근이 편안한 역세권 주변 사무실을 임대차계약을 하는 경우가 허다하다. 또 한 가지 상가가 1층이라면 규모가 작든 크든 어디에든 쓰임새가 있다. 하지만 2층과 3층으로 올라갈수록 상가의 규모가 작아도 임대를 놓기 어려우며, 광고가 잘될 수 있는 전면 동이 아니라면 임대가 어렵다.

하지만 이런 기본적인 큰 틀의 전제도 아파트 단지 내 상가는 제외다. 단지 내 상가의 경우는 아파트가 대단지인지 소단지인지 또는 소형평수 위주인지 대형평수 위주인지에 따라 달라지기 때문이다. 평수가 작은 아파트나 임대아파트 내 상가라면 수익성이 더욱 좋을 수 있다. 이런 사람들일수록 소득수준은 낮고, 젊은 사람들이 많아 이들의 소비패턴을 보았을 때 단지 내 상가를 이용하는 빈도수가 많기 때문이다. 특히 편의점을 1등으로 꼽을 수 있겠다. 하지만 반대로 대형평수 위주의 단지 내 상가는 조금 고려할 것이 많다. 어느 정도 경제력을 보유하고 나이가 있는 주민들이기 때문에 대형마트에서 장을 보고 계획적인 소비패턴을 보이기 때문이다.

참고로 경매로 상가를 낙찰받고자 할 때는 사무실로 임대해 줄 것을 각오하고 받아야 하는 물건들이 상당하다. 군계일학처럼 그중 살아있는 상권의 상가가 경매로 나왔을 때 투자금액 대비 수익률을 너무 크게 잡아 응찰하면 반드시 패찰하고 말 것이다. 경매는 이미 초대중화되어 있기 때문에 상권이 살아있는 상가는 응찰자가 몰릴 것이고, 낙찰가를 책정하려면 경매 참여자들이 경매를 통해 보장받고자 하는 최소한의 수익률의 선과 응찰가의 심리적 저항선을 캐치해야만 가능하기 때문이다.

그렇다면 사무실 임대는 투자하지 말아야 하는 부동산인가? 그렇지 않다. 대부분 3층 이상의 상가의 경우는 사무실로 임대를 주게 된다. 이유는 허가업종 중 음식점, 술집, 은행 등과 같이 사람이 많이 드나드는 업종은 힘들기 때문이다. 이를 누구나 전제로 하기 때문에 경매 낙찰가는 하염없이 떨어진다. 분양가 대비 30%의 가격에도 충분히 받을 수 있는 곳이 많은데, 이런 곳은 오히려 1층 상가를 동일금액을 투입하여 투자했을 때보다 기회비용 면에서 더 큰 수익성을 보장받을 수 있다.

사무실로 임대를 놓아야 하는 상가를 낙찰받을 때 이것만은 꼭 기억하자. 수도권이 아니라면 역시나 역세권, 관공서, 산업단지가 있는지 반드시 확인하고, 사무실임대 수요를 구체적으로 조사하고 신중한 판단을 한다면 실수는 없을 것이다. 단, 임대수요를 조사 시 아무리 주변에 큰 산업단지나 관공서가 있다고 하더라도 투자하려는 자산 주변에 사무실 용도의 임대 공급량이 너무 많다면 수요가 오히려 부족해져 공실의 위험이 있기 때문에 조사 시에는 꼭 주변에 사무실이 너무 많지는 않은지부터 확인하고 주변 공실률을 체크하자. 공실이 약간 있는 편이라면 월세를 약간 낮추어서 내놓았을 때의 승부수와 수익성을 계산해보고 최종 결정을 하면 좋다.

2. 지하층 상가는 쓸모없는 골칫덩어리가 될 수 있다.

강남역 또는 어느 정도 활발한 서울 지하상가의 경우는 나름 투자가치가 있는 물건을 종종 보지만, 대부분 투자해서는 안 되는 물건들이다. 대형

할인마트나 사우나와 같은 대형업종으로 임대를 주기에 최적화된 위치와 면적을 가지고 있지 않는 이상 거들떠보지 않는 것이 좋다. 그러니 혹시 누군가 유혹을 한다면 전문가가 아닌 이상 지나치자.

3. 경매로 가장 많이 나오는 테마상가를 피하자.

테마상가 혹은 업종이 정해져 있는 상가는 조심해야 한다. 실제로 가보면 건물 자체가 완전히 죽어버린 경우가 허다하다. 이런 상가에 투자했을 시 건물 전체나 테마상가 전체의 상권을 일으킬 수 있는 자본이 없는 이상 답이 없다. 그러니 아무리 역세권이라고 하더라도 테마상가라면 현장조사와 분석을 철저히 해야 할 것이다. 낭패를 볼 수 있다. 경매물건이라는 전제하에 말이다.

4. 건물 전체를 돌아보고 공실이 있다면 멈칫하라.

사실 공실이 아주 없을 수는 없다. 하지만 1층에 공실이 있다면 뒤도 돌아보지 말고 투자하지 않기를 바란다. 1층이 살아야 건물이 사는 것인데 공실이 있다면 그 위층은 올라가보지 않아도 답이 나온다. 하지만 1층에 우연히 공실이 생겼고 나머지 전체 호수들은 상가가 잘 돌아가고 있다면 건물 전체 호수 중 공실이 몇 개가 있는지 관리실을 통해 확인해봐야 한다. 만약 건물 전체 호수 중 공실률이 50%가 넘어가면 역시나 뒤도 돌아보지 말고 다른 물건을 찾길 바란다.

1. 역세권 상가가 장사가 잘 된다?

역세권 근처의 점포가 모두 장사가 잘 되는 것은 아니다. '역세권에 있는 점포가 좋다'라는 말을 오해하여 투자에 실패하는 경우가 많다. 같은 지하철역 근처라도 출구에 따라 사람들이 지나치게 되는 동선이 있다. 아무리 통행인구가 많아도 내 상가에 사람이 들어오지 않는다면 허사이지 않은가.

2. 복합상영관 등이 들어오면 샤워효과가 있다?

엘리베이터를 이용하여 영화만 관람한 뒤, 소비를 하지 않고 가는 경우도 많다. 내 점포의 자체 경쟁력을 고민하지 않고, 같은 건물의 일반적 상권력에 의지하려는 생각은 위험하기 짝이 없다.

3. 유동인구가 많으면 무조건 좋다?

유동인구가 많아도 파리 날릴 수가 있고, 유동인구가 많지 않아도 높은 매출을 올릴 수 있다. 유동인구를 기준으로 삼는 것은 일반적이지만 추상적인 기준이므로, 개별 점포의 매출력은 또다시 개별적으로 판단해야 한다.

유동인구가 많아도 지나가는 동선에 지나지 않으면 실패한 투자가 될 것이고, 특정 부류의 고객이 선호하는 전문화가 이루어진다면 유동인구가 없어도 성공한 투자가 되는 것이다.

4. 세대가 많은 아파트 상가가 좋다?

주변에 대형할인점 등은 언제든 들어설 수 있고, 동종의 점포가 인근의 근린상가에 들어서 고단한 경쟁을 해야 하는 경우도 있다. 상가의 주변 환경에 대하여 면밀한 상상력을 발휘하여 상권 변화의 가능성을 분석하길 바란다.

5. 매출수익성이 최우선이다?

장래의 환금성과 처분가치를 무시하고 매출수익성만을 고려하는 것은 위험한 투자가 될 수 있다. 수익이 장기간 보장되려면 탁월한 입지에 상가 운영자의 각별한 장사수완이 전제가 되어야 하는데, 그것이 내 의지만으로 실현된다는 보장은 없는 것이다. 따라서 상가투자를 하려면 중개업소나 상가전문가의 권유에만 매몰되지 말고, 최대한 발품을 팔아 탁월한 입지를 찾아내야 한다.

상가 운영 중에도 장기적인 호황에 확신이 서지 않는다면, 최대한 상가를 살린 후 적절한 시기에 권리금을 받고 상가를 처분하는 것이 빼어난 투자다. 사실 상가 투자에 성공한 경우는 장사를 잘해서 돈을 벌었다기보다는 권리금이 없는 신축 건물의 상가에 입점하여 매출을 극대화한 후에 2~3년 내에 매매차익과 높은 권리금을 취득하고 빠져나오는 것이다. 그들은 무슨 장사든 오랜 세월 잘된다는 보장은 그 어디에도 없다는 것을 매우 잘 아는 선수들이다.

공통적인 천적

1. 평일 낮과 밤 모두 유동인구가 적다면 피하라.

낮과 밤 모두 사람들로 북적북적하다면 할 수 있는 업종이 많아지지만, 그것은 고사하고 낮과 밤 모두 돌아다니는 사람이 적다면 그만큼 상가로서 가치가 없다는 것이다. 이렇게 사람이 적은 곳은 안정화가 될 때까지 한참의 시간이 걸린다. 안정화가 되기 전에 부동산을 구입했다면 오랜 공실로 인한 마이너스를 방어 한번 제대로 못해보고 골칫덩어리가 될 수 있으니 조심하도록 하자.

2. 주변에 중개업소가 적다면 투자하지 말아야 한다.

회원 가운데 경매로 여러 번 유찰된 물건을 관심 대상으로 점찍고 싸게 구입해보겠다는 생각에 필자에게 컨설팅 상담신청을 하는데, 가끔 주변을 보았을 때 아무리 중개업소가 어디에 있는지 찾아보아도 보이지 않는 경우가 많다. 그곳은 매매나 임대 등이 거의 이루어지지지 않는다는 것과 일맥상통한다.

보통 이제 막 건축된 신도시 내 단독주택 단지에는 중개업소가 많이 없다. 그런 곳은 주택만 지어지고 아직 주변에 초등학교를 비롯한 교육시설과 교통과 같은 환경조성이 제대로 되지 않은 곳이다. 장기투자의 관점에서 투자를 한다면 모르겠으나, 부동산 투자에 있어서 초보자라면 피하는 것이 상책이다.

특히 지방의 경우 주택들이 밀집되어 있으나 간간히 폐업한 중개업소만 보이는 곳도 많다. 그런 곳에 무턱대고 투자한다면, 나중에 매매나 임대를 놓을 때 경비실이나 동네슈퍼 또는 마을신문과 같은 무가지를 통해 거래를 해야 하는데 그런 부동산을 싸게 사서 덕 볼 생각하면 큰코다치고 말 것이다.

3. 채광이 대단히 중요하다.

대낮에 전셋집을 보러 갔는데 어두컴컴하다면? 상상해보라. 돈이 많고 적고를 떠나서 조금 더 평수가 작은 것을 택하거나 다른 조건을 조금 더 포기해서라도 햇빛이 잘 드는 쪽으로 택하고자 하는 것이 임차인들의 속성이다. 그렇기 때문에 상가든 빌라든 채광이 굉장히 중요하다. 상가의 경우는 햇빛을 막아야 하는 노래방, 스크린골프장 등의 업종을 타깃으로 한 수익형 부동산이라면 모를까 답이 없다.

사무실의 경우는 어떨까? 가끔 대형평수를 가진 소유자가 사무실을 3등분하여 3곳에 임대를 주고자 쪼개 놓은 것이 있다. 그중 한 곳은 창이 없는 곳이 있으니 꼭 현장답사를 통해 확인해야 할 것이다.

수익형 부동산 관리법

01

월세 연체 시
지급명령부터 하자

여러분은 앞으로 월세 부자가 되어야 하기 때문에 수익형 부동산을 잘 관리하는 실전기술들을 익혀야 한다. 가장 먼저 '지급명령'에 대한 이야기를 해보려 한다. 임대를 놓다 보면 임차인이 집주인의 속을 썩이는 경우가 자주 있다. 무엇이겠는가? 내야 하는 돈을 내지 않는 문제이다.

보통 임대사업에 대한 초보분들은 임차인이 월세를 미납하면 '보증금이 있으니 보증금에서 까면서 좀 기다려주지' 이렇게 생각하는데 천만의 말씀이다. 보증금이 존재하는 이유는 법적조치를 하는 동안 월세를 보증금에서 채우며 피해를 최소화하라고 있다고 봐도 과언이 아니다.

그럼 언제 어떤 조치를 우선적으로 해야 하는 걸까? 임차인이 2개월째 월세를 미납하게 된다면 지체 없이 '지급명령신청'을 하길 바란다. 지급명령신청이란 돈을 달라는 취지의 소장을 작성하여 법원에 제출하는 것을 말한다. 소장을 받은 법원은 임차인에게 해당 내용을 송달하고 이의 제기하지 않는다면 지급명령이 결정되는 제도이다. 지급명령제도는 명도소송과 같이 출석하여 재판을 통해 판결을 받는 절차가 아니라 법원에 신청서류를 보내면 결정되는 간편하고 복잡하지 않은 법제도이다. 하지만 재판이 없는 만큼 꼭 임차인이 직접 법원으로부터 온 우편을 송달받아야 한다. 임차인이 송달을 받지 못한다면 지급명령은 확정되지 않기 때문이다.

그렇기 때문에 보증금을 월세만큼 모두 차감하고도 월세를 주지 않아 지급명령을 하면 임차인이 이미 이사를 가거나 점유하지 않아 상당히 피곤해지는 경우가 있다. 또한 보증금이 모두 차감된 상태에서 명도소송을 하게 되었을 때는 재판비용과 집행비용까지 공제할 수 있는 보증금이 없어 돈 받아내기 더욱 힘들어질 수 있다는 점을 꼭 명심하도록 하자. 월세를 미납한지 연속 2개월째라면 지급명령을 신청하라는 취지는 임차인에 대한 첫 번째 정신적 압박 정도로 생각해주면 좋다.

지급명령 시 준비해야 할 것

1. 임대차계약서가 있어야 한다.

따라서 보증금이 없는 임대차계약을 하더라도 꼭 계약서를 적어야 한다. 그것이 곧 소송의 증거물이며 그것을 통해 주민등록번호와 지난 주소 등을 알 수 있기 때문이다.

2. 지급명령은 임차인이 살고 있을 때 하는 것이 좋다.

만약 임차인이 점유를 이전했다면 법원으로부터 '주소보정명령'이 나오게 되는데, 이것을 주인이 직접 들고 주민센터로 가 주민등록초본을 떼어 이사 간 곳으로 다시 송달해야 한다. 번거롭고 다시 송달된다고 하더라도 송달받는다는 확신도 없다.

이사를 이미 한 상태라면 일단 월세를 내던 주소지로 내용증명을 보낸다. 그러면 우체국으로부터 반송이 될 것이다. 반송이 되면 반송된 내용증명서류와 지급명령소장을 들고 주민센터에 가면 주민등록초본을 떼어줄 것이다. 이때 주소를 정정하여 법원에 소장을 접수하면 조금 더 편리하다.

3. 지급명령의 관할 법원은 어디일까?

민사소송법 제463조(관할 법원)에 나오는 독촉절차는 보통 재판적이 있는 곳의 지방법원이나, 제7조 내지 제9조, 제12조 또는 제18조의 규정에 의

한 관할법원의 전속관할로 한다고 규정되어 있다. 하지만 독자분들에게 법률용어로 복잡하게 서술하기보다는 이렇게 이해를 시켜주도록 하겠다.

채무자의 주소지에 보내면 된다. 임대 놓았던 부동산의 소재지를 관할하는 법원이 되는 것이다. 예를 들어 서울특별시 강남이라면 서울중앙지방법원이 되는 것이고, 인천이라면 인천지방법원이 되는 것이다.

지급명령 신청하는 법

지급명령소장을 작성한 뒤 임대차계약서를 첨부해야 한다. 그리고 송달료와 인지를 대봉투에 넣어서 관할 법원으로 보내면 된다. 보낼 때 담당자를 정확히 알아야 하는데, 관할 법원의 접수담당자는 온라인 대법원 사이트에 접속하여 관할 법원을 확인한 후, 전화로 지급명령 담당부서를 알아보아야 한다. 대봉투에 '지급명령 담당자 앞'이라고 적어 보내면 된다.

인지와 송달료 값은 얼마인가?

심급	소가	인지대 계산식
1심 소장	1000만 원 미만	소가×0.005
	1000만 원~1억 원 미만	소가×0.0045+5,000
	1억 원~10억 원 미만	소가×0.0035+55,000
	10억 원	소가×0.0035+555,000
항소장		1심 소장의 1.5배
상고장		1심 소장의 2배

* 지급명령은 1심 소장의 1/10이며 100원 단위 미만은 절사

예를 들어 소송액이 100만 원이라면 1,000,000원×0.005=5000원이 되지만 1심 소장의 1/10으로 보기 때문에 500원이 된다. 하지만 실제로는 1000원 미만일 경우 1000원을 받으니 1000원짜리 수입인지를 사면 된다.

송달료

민사조정사건 당사자 수 2명(본인 1인, 세입자 1인인 경우)

2명×3020원×5회분

민사조정사건 당사자 수 3명(본인 1인, 세입자 2인인 경우)

3명×3020원×5회분

인지와 송달료는 어떻게 사는가?

각 법원 내 아무 은행에서나 인지를 사 송달료를 지불하고 빨간 용지(법원에 보내는 것)를 인지와 송달료 영수증과 함께 첨부하여 대봉투에 넣어 등기우편으로 보내면 된다.

지급명령 순서

1. 월세계약서를 챙긴다.

2. 소장을 작성한다.

3. 가까운 은행에서 인지를 사고 송달료를 지불하고 영수증을 받는다.

4. 우체국에서 인지, 송달료 영수증(법원보관용), 월세계약서, 소장을 넣

어 등기우편으로 보낸다.

　이렇게 임차인에게 먼저 내용증명을 보내고 지급명령이 법원으로부터 임차인에게 송달되면 웬만한 임차인은 연체된 월세를 모두 입금한다. 만약 지급명령 판결에도 불구하고 월세를 입금시켜 주지 않는다면 임차인의 예금을 가압류하거나 월급을 차압하는 방법이 있다. 그래도 첫 달 월세는 낼 테니 통장을 보면 월세가 어느 은행으로부터 입금이 되었는지 알 수 있다. 해당 은행에 찾아가 지급명령판결문을 가지고 예금자의 예금통장을 가압류할 수 있으니 참고하자.

지 급 명 령 신 청 서

채권자 집주인
채무자 돈안내

○○지방법원 귀중

지 급 명 령 신 청 서

채 권 자 집주인 (770820–0000000)
서울특별시 강남구 역삼동 ○○아파트 101동 1001호
(010–○○○○–○○○○)

채 무 자 돈안내 (810610–0000000)
서울특별시 강남구 양재동 ○○아파트 218동 1018호

청 구 취 지
채무자는 채권자에게 아래 청구금액 및 독촉절차 비용을 지급하라는 명령을 구함
1. 금 2,250,000원
2. 위 1항 금액에 대하여 이 사건 지급명령정본이 송달된 다음날부터 다 갚는 날까지 연 20%의 비율에 의한 지연손해금

3. 독촉절차 비용 금 31,200원(내역 : 송달료 30,200원, 인지대 1,000원)

청 구 원 인

첨 부 서 류
1. 채권자 소유 부동산등기부등본 1통
2. 임대차계약서 1통

2014. 3. 27.
채권자 집주인 (날인 또는 서명)

지방법원 귀중

미납 관리비를
방어하자

월세 연체와 동반되는 것이 관리비다. 하지만 임차인이 관리비를 연체하여 미납된 금액은 어떻게 정리되는지 잘 모르는 분들이 많다.

관리비 연체 시	'임차인이 관리비 등을 체납하고 퇴거(이사)한 경우에는 해당주택을 임차인에게 임대한 소유자(임대인)가 그 체납된 관리비 등을 납부할 책임이 있다'는 국토해양부 주택건설공급과–2743호 (2009. 8. 24) 질의응답서

위 내용을 보면 정확히 이해가 갈 것이다. 체납된 관리비를 내지 않은 상태에서 퇴거한 경우에는 집주인이 체납된 관리비를 내야 한다. 결론적으로 체납된 관리비가 있는 상태에서는 관리사무소에 방출증을 끊어주지 않

도록 이야기를 반드시 해놓고, 퇴거가 되지 않은 상태에서 미납되고 연체된 금액 전액을 납부하도록 해야 한다.

연체가 지속되면 관리사무소에서는 소유자(집주인)에게 체납관리비에 대한 지급명령신청을 하게 된다. 이럴 때는 소액심판을 통해 해결하게 되어 있고, 관리사무소 측에서는 관리규약에 따라 세입자가 관리비를 못 냈을 경우 집주인이 내야 한다는 규정을 주장하게 된다.

월세 미납 시 판사 앞에서 말할 때 위 〈국토해양부 주택건설공급과의 질의응답서〉를 제출하면서 아직 임차인이 퇴거하지 않은 상태이니, 관리비 또한 임차인에게 지급명령신청을 해야 한다고 확실히 해두어야 한다. 사실 그렇게 한다고 하더라도 판사는 관리사무소와 소유자 사이에서 조정을 붙여 협의된 금액에 집주인이 내는 쪽으로 합의를 시킬 것이다. 이렇게 해도 머리가 아프고 저렇게 해도 머리가 아픈 것이 사실이다. 결국 방어라는 것은 처음부터 해야 하는 것이다. 관리비가 밀리기 시작하면 200~300만 원을 훌쩍 넘는 것은 순식간이고 1000만 원대까지 순식간에 연체될 수 있으므로 마무리도 여간 번거로운 것이 아니다.

앞에서도 언급한 바 있지만, 처음 임대차계약을 하고 나서 첫 월세 입금은 집주인이 아무 말 하지 않아도 95% 이상 약속한 날짜에 월세를 이체한다. 그럼에도 불구하고 2개월째 월세를 입금하지 않는 경우 다른 생각하지 말고 즉시 100% 명도를 해서 내보내는 작업을 해야 한다. 월세는 물론이고 관리비도 당연히 연체하고 있을 것이다. 관리비뿐만 이겠는가. 전기세와 수도세는 관리비에 포함되어 있다고 해도 도시가스 요금은 대부분 별도이기 때문에 도시가스 요금 또한 함께 연체되고 있을 것이다.

다시 이야기하지만 '보증금이 있으니 좀 봐주자. 언제 또 세입자 구해서 계약하고 세입자 구하는 동안의 대출이자로 마이너스시키면 안 되지'라는 생각을 한다면 지금 당장 접길 바란다. 월세가 미납된 지 3개월째 내용증명을 보내고 명도소송을 하는 데 걸리는 시간 동안 보증금으로 충당을 하고 있으라고 보증금이 존재한다고 봐도 과언이 아니다.

저자의 경험상으로도 월세 미납하는 세입자가 있느니 차라리 공실상태를 유지하는 것이 낫다. 임대사업의 기본원칙이니 꼭 새겨두길 바란다. 임차인이 월세를 밀리지 않게 해야 하며, 밀릴 우려가 있는 임차인은 처음부터 받지도 말아야 한다. 혹시 밀릴 우려가 있는 임차인을 받았다면 빨리 내보내야 한다. 다시 한 번 강조하지만 차라리 공실이 낫다!

명도소송을 해야 할 때

　월세와 관리비를 체납한 임차인에 대하여 최후의 수단으로 해야 할 것은 명도소송이다. 2개월 이상 임대료를 내지 않았고 보증금이 남아 있다면 지급명령신청 후 임차인의 태도에 따라 바로 명도소송을 생각해야 한다. 최근 명도소송의 경우 임차인이 출석하지 않는다고 하더라도 2개월 반이면 충분히 끝난다. 그러니 보증금이 남아 있을 때 상황을 판단하여 빨리 신청해야 할 것이다.

　한 가지 더 참고로 이야기하자면 일명 '깔세'라고 불리는 임대차계약 조건이 있다. 보증금 없이 임대료만 받는 것이다. 이런 계약은 웬만하면 하지 말아야 한다. 보증금 없이 월세만 원하는 임차인치고 신용 있는 사람이 별

로 없다. 또 한 가지 유형 중에 보증금과 함께 임대차계약을 한 후 월세를
미납하면서 오히려 보증금에서 까면 되지 않냐고 큰소리를 뻥뻥치는 경우
가 있는데, 이런 분들은 꼭 관리비를 포함해 각종 요금들을 모두 밀리고 극
단적으로는 야반도주한 경우도 자주 보니 참고하길 바란다. 정리하면 다음
과 같다.

2개월 이상 임대료 연체 ⇨ 지급명령신청 ⇨ 계약해지 내용증명 ⇨ 명도소송

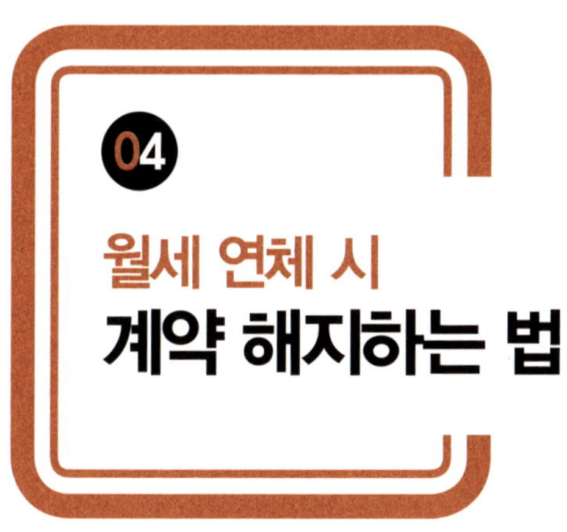

월세 연체 시 계약 해지하는 법

민법 640조를 보면 '임차인의 차임연체액이 2기의 차임액에 달하는 때에는 임대인은 계약을 해지할 수 있다'고 되어 있다. 2개월 이상 임대료 연체 시 2개월의 임대료를 내지 않으면 계약이 자동으로 해지된다는 내용증명서를 통지해야 할 것이다. 그 후 명도소송 절차를 밟길 바란다.

내용증명 – 주택임대차 계약해지(임대료 연체)

내 용 증 명

발 신 인 ○○○

주 소

수 신 인 ○○○
주 소

임대차계약 해지 통고

1. 본인은 귀하와 0000년 00월 00일 본인 소유의 주택에 대하여 아래와 같이 임대차 계약을 체결한 바 있습니다.

– 아 래 –

목적물 : ○○시 ○○로 ○○번길 ○○ ○○동 ○○○호 아파트 ○○○평방미터

임차보증금 : 금 00,000,000원

월 임대료 : 금 000,000원

임대차기간 : ○○○○년 ○○월 ○○일부터 ○○○○년 ○○월 ○○일까지

2. 귀하는 위 계약에 따라 본인에게 계약금 금 0,000,000원을 계약 당일 지급하고, 나머지 금00,000,000원은 같은 해 00월 00일 지급하여 잔금지급일부터 입주해오고 있습니다.

3. 그런데 귀하는 0000년 00월부터 아무런 사유 없이 월임대료를 지급하지 아니하여 본인은 0000년 00월 00일자 등 수차례 귀하에게 체납 임대료 지급을 최고하였습니다.

4. 그럼에도 불구하고 귀하는 체납 임대료를 지급하지 않고 있어 본인은 귀하에게 서면으로 임대차계약 해지를 통지하오니 본 서면을 받는 즉시 위 건물을 명도해주시고 밀린 임대료를 지급하여 주시기 바랍니다. 만일, 위 기한내 건물명도 및 체납 임대료를 변제하시지 않으면 본인은 부득이 법적 조치를 하겠으니 양지하시기 바랍니다.

2000. 0. 0.

위 발신인 ○○○

<table>
<tr><td colspan="2" align="center">내용증명이란?</td></tr>
<tr>
<td>내용증명</td>
<td>내용증명은 우편법 시행규칙 제25조 ①항 4호 가목에 따라 등기취급을 전제로 우체국창구 또는 정보통신망을 통하여 발송인이 수취인에게 어떤 내용의 문서를 언제 발송하였다는 사실을 우체국이 증명하는 특수취급 제도입니다.
예컨대 채무이행의 기한이 없는 경우 채무자는 이행의 청구를 받은 때로부터 지체책임을 지게 되며 이 경우 이행의 청구를 하였음을 증명하는 문서로 활용할 수 있습니다.</td>
</tr>
<tr>
<td>내용증명
의 활용</td>
<td>·민법은 시효중단의 한 형태로 「최고」를 규정하고 있으며 「최고」 후 6월 내에 재판상의 청구, 파산절차참가, 화해를 위한 소환, 임의출석, 압류 또는 가압류, 가처분을 하지 않는 경우 시효중단의 효력이 없는 것으로 규정하고 있습니다.
따라서 소멸시효가 임박한 경우 「최고서」를 작성하여 내용증명우편으로 송부하고 소송 시 「최고」를 하였음을 입증하는 자료로 사용할 수 있습니다.
·계약의 해제(해지), 착오 등을 이유로 취소하는 경우 내용증명을 통하여 의사표시를 하는 것이 후일 분쟁을 미리 예방 할 수 있는 방법이 될 수 있습니다.
·민법 제450조는 지명채권의 양도는 양도인이 채무자에게 통지하거나 채무자의 승낙을 요하며, 통지나 승낙은 확정일자 있는 증서에 의하지 않으면 채무자 이외의 제3자에게 대항할 수 없도록 규정하고 있습니다.
따라서 채권의 양도통지를 할 경우 내용증명에 의하여 통지하면 제3자에게도 대항할 수 있게 됩니다.
(※ 배달증명은 확정일자 있는 증서로 보지 않음 대법원 2001다80815)</td>
</tr>
<tr>
<td>제출부수</td>
<td>3부를 작성하여 봉투와 함께 우체국에 제출</td>
</tr>
<tr>
<td>기타</td>
<td>내용증명 우편은 3년간 보관하며 분실한 경우에도 재발급받을 수 있음</td>
</tr>
</table>

05

내부수리에 대한 모든 것

임대수익을 목적으로 하는 부동산을 구입하였을 때는 내부수리에 있어서 가장 합리적으로 비용을 지출하여 수리하는 기술도 중요하다. 중고차를 구입하고서도 자동차에 대한 상식과 이해가 없어 센터에서 권장하는 대로 주구장창 수리하면 비용이 과도하게 지출되어 새 차값이 나올지도 모른다. 따라서 일반 매매든 경매를 통한 구입이든 내부의 불량상태가 사전에 잘 체크되어야 하며, 구입 후 수리요령에 대해서도 잘 익히고 있어야 할 것이다.

먼저 임차인이 집을 본 후 거주하고 싶은 마음이 들어야 할 것이다. 그러기 위해서는 도배, 장판, 싱크대, 페인트, 청소, 디지털 도어록(현관 비밀번호 키) 등으로 깔끔하게 집을 리뉴얼해야 한다. 여기서 무작정 좋은 걸로 한다고 대수가 아니다. 구입한 부동산 수준에 맞는 선에서 최대한 저렴하게 해야 할 것이다.

> **디지털 도어록** ⇨ **페인트** ⇨ **화장실, 타일 교체** ⇨ **싱크대** ⇨ **도배** ⇨ **장판** ⇨ **형광등(전등)** ⇨ **청소**

이런 순서로 이해하고 있으면 된다.

1. 디지털 도어록

열쇠상점에 가서 사장님이 추천하는 것으로 무조건 하는 것이 아니라, 빌라와 같은 다세대 부동산은 4~6만 원 사이의 도어록으로 저렴하게 하면 문제가 없을 것이고, 아파트의 경우는 이웃집 도어록을 보고 비슷한 수준으로 설치하는 것이 좋다. 그래도 고급아파트가 아닌 이상 15만 원이 넘지 않는 선에서 하길 바란다. 저자의 경우 보통 서민 아파트는 10만 선에서 도어록을 하는 편이다. 이 정도 수준을 맞추어 주면 보통 세입자들이 만족을 하니 참고하길 바란다.

처음 부동산을 구입하고 나서 세입자를 구하기 위해 주변 중개업소 여러 곳에 내놓게 되는데, 이때 중개업소의 중개사들이 손님을 모시고 언제든지 자유롭게 볼 수 있도록 조건을 만들어 주는 것이 좋다. 따라서 중개업소의 경우는 믿고 비밀번호를 오픈하는 것이 좋다.

그 다음으로는 마스터키에 대한 이야기다. 언제나 집주인은 세입자가 속을 썩이는 경우를 준비하고 있어야 하는데 그 차원에서 마스터키 기능을 익히고 있어야 한다. 마스터키란 주인이 설정할 수 있는 비밀번호가 한 가지 더 있다는 뜻이다. 세입자가 야반도주를 한 것과 같이 피치 못할 사정이 생겼을 때 마스터키 번호를 안다면 언제든 문을 열고 들어갈 수 있으니 열쇠공을 불러 시공비 4~5만 원을 지불하는 일이 없을 것이다.

2. 페인트 칠

보통 인테리어 가게나 중개업소를 통해 페인트 칠을 하려고 하면 일당 40만 원 가까이 부를 것이다. 전문가들이 칠을 하면 기계로 칠을 하는데 손으로 칠한 것과 뭐 별반 차이가 없다. 즉 손으로 칠해도 된다는 이야기다.

저자의 경우는 비용을 최소화하기 위해 인력사무소 같은 곳에서 페인트 칠을 잘할 수 있는 분으로 부탁하여 일당 6만 원에 2명을 불러 40만 원이 아닌 12만 원에 페인트 칠을 한다. 단, 품을 좀 팔아야 할 것이다. 세상에 공짜는 없다. 비용을 줄인 만큼 할 일은 늘어나기 마련이다. 필요한 재료를 직접 구매해야 하는데 재료는 붓, 페인트(유성과 수성이 있음), 샌드페이퍼(빼빠), 콤프레셔, 손잡이 테이프, 깡통 등이 필요하다.

마지막으로 팁을 한 가지 더 주자면 인력사무소에서 부른 페인트 인력 분이 칠을 잘한다면 개인적으로 번호를 받아놓길 바란다. 인력사무소를 통해 부르면 지불한 돈의 10%는 인력사무소의 수익이기 때문에 다음에 2차수익형 부동산을 구입했을 때는 다이렉트로 그분에게 전화를 하면 조금 더 싸게 잘 칠할 수 있다.

3. 화장실, 타일

발코니와 세탁실과 같은 곳은 타일이 떨어져 있는 경우가 빈번하다. 물론 매매로 부동산을 구입할 때에는 미리 그런 부분을 보고 매수 전 수리를 요청할 수 있겠지만, 경매와 같은 경우는 낙찰자가 명도 후 직접 수리를 해야 한다.

저자는 타일도 인력사무소를 이용한다. 인테리어 가게의 전문가를 이용하게 되면 30평 기준으로 약 55~60만 원은 지불해야 할 것이다. 하지만 직접 하면 40만 원이면 충분하다. 자재를 온라인이나 오프라인을 통해 직접 구매해놓고 인력사무소를 통해 기술자를 부른 후, 시공을 맡기면 된다. 그리고 작업이 만족스럽게 잘되었다면 역시나 개인적으로 번호를 물어봐 저장해두길 바란다.

수익형 부동산을 관리하다 보면 한 번씩 세입자가 타일의 일부가 깨지거나 떨어진 것을 보고 깐깐한 말투로 수리를 요청하는 경우가 있다. 월세 계약을 했다면 적극적 수선의무를 집주인이 가지기 때문에 해줄 수밖에 없는데, 타일 몇 장 교체해서 되는 거라면 가까운 대형마트를 가서 타일을 구입해 실리콘으로 쏜 후 부착시키면 될 것이다. 오래된 주택의 경우는 같은 타일을 구하기 힘들고 사이즈도 많이 달라졌기 때문에 전체를 교체해야 하는 경우도 있으니 이때는 조금 기분이 안 내켜도 해주고 말자.

4. 싱크대

싱크대의 경우는 막장싱크대(가로 1.8m로 공장에서 아무런 가공을 하지 않은 표준규격 사이즈로 나온 가장 낮은 품질의 싱크대)의 가격을 알아보길 바란다. 인테리어 집에 전화를 하면 너무 비싸고 꼭 싱크대 공장에 전화를 걸어 가장 싼 곳을 찾아야 한다. 만약 40만 원 이상 부르면 조금 비싼 편이니 35만 원 이하(집이 10~30평 사이일 때)로 부르는 곳을 찾길 바란다.

과거에는 전세를 놓을 때 하이그로시 싱크대와 포인트 벽지, 디지털 도어록이 되어 있으면 임대가 아주 잘 되던 때가 있었다. 하지만 지금 임대를 주는 데 있어서는 싱크대를 그리 많이 따지지 않는 것 같다. 품질이 조금 낮은 싱크대라고 해도 깨끗하게만 잘 관리하면 충분하다고 본다.

한 가지 더 기억해야 할 것은 바로 수전(샤워기, 수도꼭지, 휴지걸이, 수건걸이 등)이다. 낡거나 부식되어 비호감을 불러일으키는 상태가 되었다면 이것도 교체해야 한다. 세면대를 새제품으로 교체할 때는 전문가를 부르는 것이 더 현명한데 이것도 비용을 절약할 수 있는 방법이 있다. 미리 인터넷이나 오프라인 인테리어집을 통해 세면대를 포함한 수전을 구입해 놓은 뒤 싱크대 업자를 불렀을 때 그 업자에게 같이 갈아달라고 부탁을 하면 상당히 저렴하게 교체가 가능하다.

5. 도배와 장판

도배는 실크의 경우 꽤 가격이 비싸기 때문에 고급주택이 아닌 이상 합지를 알아봐서 가장 저렴한 것으로 하는 것이 좋다. 과거 24평의 빌라를 합지로 도배하고 장판까지 해서 50만 원 정도 들었던 것으로 기억한다. 그리고 도배와 장판은 인력사무소를 부르지 말고 가장 싼값에 잘해줄 수 있는 전문가에게 의뢰하길 바란다. 도배는 난이도가 조금 있기 때문에 괜히 혼자 했다가 도배상태가 불량하고 쭈글쭈글 공기가 들어있으면 누구에게 변상해 달라고 하거나 A/S를 부탁할 수도 없고 참 난감하다.

이때 도배지의 경우는 시장에 가서 직접 재료를 사오는 것이 더 비용 면에서 유리하다. 거실의 전등이나 스위치박스 등도 은근히 까다로울 때가 자주 있으니 전문가를 부르도록 하자. 그 외 몰딩 같은 경우도 직접 해보려고도 시도해 보았지만 글루건과 실리콘을 쏴서 벽에 붙이는데 만만치 않았던 기억이 난다. 소액 부동산이라면 몰딩 없이 그냥 벽지로 마감을 해도 되니 그것은 독자분들이 선택하길 바란다.

6. 청소

이제 마지막 단계에 왔다. 중개업소에 물어보면 내부 청소를 해주는 분들을 소개시켜 주는데 보통 평당 1만 원을 부른다. 30평이면 30만 원이 되는 것이다. 은근히 가격이 나간다. 저자의 경우는 청소 또한 인력사무소를 이용한다. 2명 정도 부르면 충분하며, 직접 대형 마트에 가서 피비원(PB1)을 구입해 그것을 뿌리고 걸레로 닦으며 청소를 하면 된다. 뿌리고 한 5분 정도 후 닦으면 때가 아주 잘 빠지니 일하시는 분들께 잘 설명하여 10~12만 원 돈에 청소하면 비용이 1/3으로 줄어드니 참고하길 바란다.

결론적으로 직접 할 수 있는 것은 직접 하고, 전문가에게 의뢰할 것은 꼭 의뢰를 하도록 하자. 너무 자잘한 것으로 실력과 능력이 부족한데도 불구하고 직접 하려고 애쓰는 것도 할 짓이 못 된다.

임대사업자와 세금 완전 정복

세금의 종류와
임대사업자의 구분

구분	세금의 종류	비고
매입 시	취득세	농어촌특별세: 취득세의 10% 지방교육세: 등록세의 20% (취득일로부터 60일 내 납부)
보유 시	재산세	매년 6월 1일 등기상소유자에게 부과
	종합부동산세	매년 6월 1일 기준 주택의 경우 6억 이상(다주택자)
	종합소득세	전년도 소득이 있는 경우 5월 1일~31일까지 주소지 관할 세무서에 신고해야 함
매도 시	양도소득세	양도일 해당 월의 말일부터 2개월 내 예정신고 납부

세금을 내야 하는 임대사업자와 내지 않아도 되는 임대사업자는 다음과 같이 구분된다.

유형 A

2013년 세법 개정안에 따른 전·월세	
월세	·부부 합산 2주택 이상 소유자가 주택을 월세로 임대한 경우 ·1주택 소유자라 하더라도 공시가격 9억 원 초과 주택을 임대한 경우
전세	부부 합산 3주택 이상 소유자의 보증금 총액이 3억 원 이상인 경우 간주임대료: 3억 원 초과 보증금액의 60%*이자율(1년 만기정기IDPrma_) −임대 관련 이자 및 배당

여기서 우리가 발견할 수 있는 세법상의 사각지대가 있다. 예를 들어 소형아파트 한 채를 소유한 상태에서 임대료로 30만 원씩 받는 원룸주택을 갖은 사람은 임대수입에 대한 세금을 내야 한다. 하지만 훌륭한 상권 내 다가구주택을 소유하여 여러 호수로부터 임대료를 받더라도 해당 다가구주택 내에 집주인이 살고 있다면 세법상 세금은 한 푼도 내지 않아도 되는 꼴이 된다. 기억하길 바란다.

<u>**유형 B**</u>

부동산 임대사업자라고 해서 모두 일반과세자가 되는 것은 아니다. 임차인이 사업자일 경우 세금계산서를 요청할 것이고, 이에 따라 공급가액에 10%를 부가가치세로 함께 받아서 집주인은 신고를 해야 한다. 부가가치세를 내는 사업자와 부가가치세를 내지 않는 사업자로 크게 구분하여 보도록 하자.

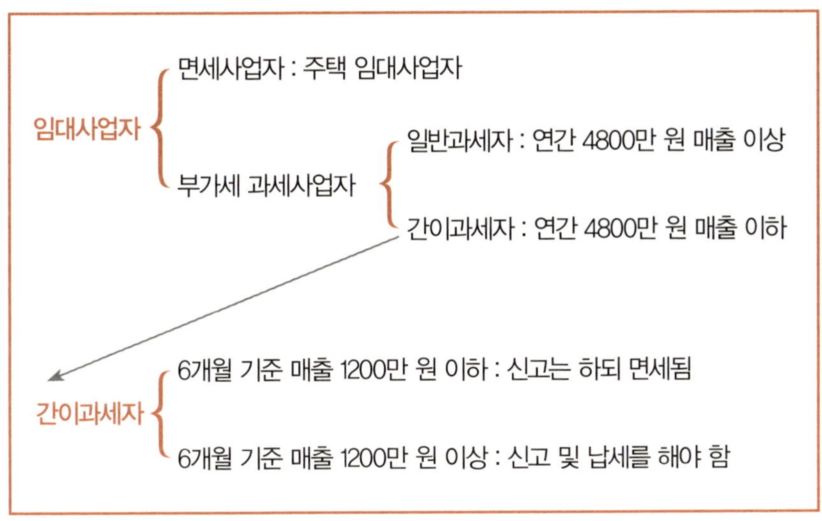

표를 정리해보면 주택으로 임대사업을 하는 경우는 면세사업자가 될 수 있으나, 그 외의 상가와 같은 기타 부동산을 임대한다면 과세대상 사업자이다. 임대사업자의 경우 연간 매출이 4800만 원을 기준으로 일반과세사업자와 간이과세사업자로 나누어지는데, 매출이 4800만 원이 넘어갈 시 자동으

로 일반과세자로 변경된다. 또한 간이과세사업자에 부가가치세 신고 및 납

부대상과 면세대상이 나누어지는데 6개월간의 매출이 1200만 원 이하일

시 신고는 하되 면세대상이니 기억해두길 바란다.

부동산 정책을 보면 주거안정에 기여하기 위해 많은 노력을 기울이고 있다. 주택건설의 공급 주체가 정부가 될 경우, 상당한 사업비가 필요한데 역시나 무리한 LH공사의 주택건설로 부채만 140조 원을 넘어섰고 정부가 감당해야 하는 일일 이자만 122억이다.

결국 정부는 이에 대한 대책으로 민간 스스로 주택을 공급하도록 하기 위한 세제혜택을 내놓는데, 지금부터 이에 대한 주택임대사업자의 대한 세금정책을 소개할 테니 정독하길 바란다.

구분	주택임대사업자		일반임대사업자			미등록사업자
취득세	60㎡ 이하	100% 면제	주택	4.40%	85㎡ 이하, 12억 이하	4.40%
	60~85㎡ 이하	25% 감면	주택 외	4.60%	상가, 오피스텔	4.60%
	85~142㎡ 이하	해당 없음				
재산세	40㎡ 이하	100% 감면	2억 이하	0.20%		0.25% (과세표준: 공시가격의 70%
	40~60㎡ 이하	50% 감면	10억 이하	0.30%		
	60~85㎡ 이하	25% 감면	10억 초과	0.40%		
소득세	종합소득합산 6~38%		종합소득합산 6~38%			세금추징
종합부동산세	비과세		비과세(토지는 합산)			합산대상
양도소득세	분리과세		일반세율			일반세율

　주택임대사업자의 세금 혜택의 경우 취득세 면제, 재산세 감면, 양도세 분리과세 등보다 종합소득세일 때 진정으로 빛이 난다는 것을 알 수 있을 것이다.

　다음은 임대사업에 대한 사업자 등록 시 코드다.

부동산업 및 임대업					
코드번호	종목		적용범위 및 기준	단순경비율	기준경비율
	세분류	세세분류			

701101	부동산 임대업	주거용 건물 임대업	「소득세법 시행령 제8조의 2」에 따른 고가주택임대 ＊전대(→ 701300)	34.1	17.8
701102	부동산 임대업	주거용 건물 임대업	고가주택기준에 해당되지 않는 아파트, 공동주택, 다가구주택, 단독주택 등의 임대 ＊전대(→ 701300)	45.3	22.2
701103	부동산 임대업	주거용 건물 임대업 (장기임대 공동주택)	「조세특례제한법 시행령」 제97조에 따라 주택임대신고서를 관할 세무서장에게 제출한 임대사업자(5호 이상 단독주택임대 포함) ＊2001. 1. 1일 이후 임대사업개시자인 경우 주택임대신고서를 제출할 필요 없음	60.2	26.8
701104	부동산 임대업	주거용 건물 임대업 (장기임대 다가구주택)	「조세특례제한법 시행령」 제97조에 따라 주택임대신고서를 관할 세무서장에게 제출한 임대사업자 ＊2001. 1. 1일 이후 임대사업개시자인 경우 주택임대신고서를 제출할 필요 없음	61.1	30.2
701201	부동산 임대업	비주거용 건물 임대업	·사업용 건물 임대(공장건물 임대 포함) ·건물과 토지를 함께 임대한 경우 건물에 정착된 토지면적의 3배 이내의 토지 포함	38.4	21.1
701202	부동산 임대업	비주거용 건물 임대업	·대지 소유자가 타인인 점포 임대(공장건물 임대 포함) ·소규모 점포 임대 해당 사업장의 연간 부동산 임대 수입금액이 600만 원 미만인 점포를 임대하는 사업자	36.9	18/7

주택임대사업자는 부동산 매입 후 5년간 주택을 처분하면 안 되기 때문

에(5년 안에 처분 시 세제혜택을 받지 못함) 장기주택임대사업자코드로 처리한다.

이때 전년도 400만 원 이하(최초 사업 연도 7500만 원 이하)인 자는 단순경비율 대상자로 61.1%의 엄청난 비용처리가 가능하다는 점을 숙지해두길 바란다. 이 정도의 혜택은 다른 사업자와 비교해보아도 굉장히 큰 경비공제율이라는 점을 꼭 기억하자.

<table>
<tr><td colspan="2" align="center">세금 계산하는 방법 예시</td></tr>
<tr><td>

1,800만 원
− 1,100만 원 (단순경비율 61.1%)
――――――
700만 원
− 150만 원 (기본공제)
――――――
550만 원
× 6% (세율)
――――――
33만 원 (종합소득세)
+ 3.3만 원 (지방소득세 10%)
――――――
36.3만 원

</td><td>

- 추가 기본공제 고려하지 않음
- 이자소득으로 1,800만 원의 수익을 거두었다면 원천징수 15.4%: 약 277만 원의 세금 납부

</td></tr>
</table>

이자소득의 경우보다 굉장히 큰 차이로 저렴한 세금이다. 반드시 기억하길 바란다!

절세전략 포인트

수익형 부동산에 투자를 하고자 하는 독자분이라면 절세전략 포인트 몇 가지 정도는 당연히 알고 있어야 할 것이다. 주택임대사업자 위주로 소개를 하니 잊지 않도록 하자.

1. 역세권 다가구주택으로 임대사업을 하면 임대소득세를 전혀 내지 않는다.

2. 자신이 전세를 살면서 소유한 부동산 한 채를 월세로 주게 되면 임대소득세를 전혀 내지 않는다.

3. 단순경비율 61.1%에 해당하는 정도로 임대매출액을 관리하자.

4. 남편 건강보험에 종속된 아내가 사업자를 내면 건강보험, 국민연금 등이 독립적으로 발생해 집 한 채의 임대료를 받으려다가 굉장히 많은 비용을 감수해야 한다. 하지만 직장인이나 지역건강보험가입자 명의로 임대사업자를 내면 이것을 피할 수 있다.

5. 기소득구간(과세소득에 대해 부과하는 세율체계, 기본금액을 초과하는 각각의 수입에 대해 적용되는 비율로 표현되기도 함. 예) 소득세법소득구간 1200만 원 이하 —8% 등)이 높은 사람의 명의로 부동산 임대소득이 발생하면 합산이 되므로, 합산 후 높은 소득세율로 세금을 낼 수 있다.

(단위 : 원)

종합소득세 세율(2012년 귀속)		
과세표준	세율	누진공제
12,000,000 이하	6%	–
12,000,000 초과 46,000,000 이하	15%	1,080,000
46,000,000 초과 88,000,000 이하	24%	5,220,000
88,000,000 초과 300,000,000 이하	35%	14,900,000
300,000,000 초과	38%	23,900,000

임대사업자 등록방법			
절차	해당 부서	준비서류	처리기간
1. 주택임대사업자 등록	거주지 시·군·구청 주택과	분양계약서 사본, 신분증 사본	5일
2. 부가가치세 면세사업자 등록	거주지 세무서	사업자등록신청서 주민등록초본 주택임대사업자등록필증	즉시
3. 임대차계약체결		표준임대차계약서 임차인 주민등록등본	
4. 취득세면세신청	물건지 구청 세무과	세액감면신청서 임대사업자등록증	취득일 30일 이내
5. 임대조건신고	물건지 시·군·구청 주택과	임대조건신고서 표준임대차계약서	임대 개시 10일 전
6. 임대신고	물건지 세무서 재산과	표준 임대차계약서 사본 임차인 주민등록등본 사본 임대사업자등록증 사본	

제8부

땅 사서 임대주택 직접 짓기

🏠 좋은 땅의 조건

조건 1 대로변과 접해 있다.

토지가 제값을 하려면 가장 기본이 되는 것은 '도로'다. 우리가 흔히 맹지라 부르는 도로가 없는 땅, 길이 없는 땅, 사방이 꽉 막힌 땅은 길을 만들어낼 수 있는 특별한 안이 있지 않는 이상 천하의 쓸모없는 땅일 가능성이 높다. 건축을 하고자 한다면 말이다.

하지만 반대로 넓은 도로에 인접한 땅은 여러 가지로 장점이 많다. 바로 앞에 큰 길이 있으니 전망에 있어서도 막힘이 없고 건물이 훤히 드러난다. 이런 건물에 입주한 상가임차인들은 골목에 위치하여 드러나지 않아 따로 현수막 등의 광고를 해야 하는 불편함도 없이 위치 하나만으로 광고가 되는 셈이기도 하기 때문에 당연히 임대료도 많이 받을 수 있다. 물론 대로변 토지 값이 높기 때문에 임대료가 높아진다. 뿐만 아니라 대로변에 위치한 건물의 임차인은 접근성도 우월하다. 차를 타고 건물 바로 앞까지 올 수 있고, 잠시 차를 세워두고 일을 보기도 좋다. 이런 이유로 사람들이 대로변 위치에 있는 땅을 좋아하는 것이 당연한 것이다.

조건 2 교차로 또는 교차지점 근처에 있다.

앞은 도로고 뒤는 골목길이라고 하더라도 두 길이 교차하는 위치의 토지의 경우는 좌우 혹은 전후측면이 모두 주목받을 가능성이 크기 때문에 좋으면 좋았지 나쁠 이유가 없다. 토지의 양면이 모두 도로와 접하고 있다면 아파트나 빌라를 지을 때 소음으로 인해 오히려 감가대상이 되겠지만, 상업용 오피스 임대수익을 얻기 위한 건물로는 더욱 눈에 잘 띄는 것은 물론, 접근하기가 편해져 굉장히 유리하다. 포인트는 공법상의 규제이다. 건물 신축 시 높이제한 규제, 즉 고도제한에서 훨씬 더 자유로울 수 있다. 공항 옆의 토지라 비행기가 떠야 하는 이유로 고도제한규제가 심하지 않는 이상 말이다.

임대수익용 건축을 위한 토지를 고를 때는 꼭 발품을 팔아 여러 번 보기를 바란다. 주변 여건을 둘러보고 어디가 좋고 어디가 가능성이 있는지 그 느낌이 올 때까지 샅샅이 둘러보아야 한다. 이유는 처음 방문했을 때와

두 번째 더 나아가 세 번째 방문했을 때에 오는 느낌은 다를 수 있기 때문이다.

 빈터가 가까이 있다.

관심을 갖고 있는 토지의 지번이 100-1이라고 가정하자. 본 토지를 현장 답사를 했을 시 본 토지 옆 100-2(바로 옆에 붙어 있는 토지) 토지가 공터라면 어떨까? 이런 토지를 구입하면 100-1의 토지를 활용하면서 바로 옆 공터인 100-2의 토지를 마치 자신의 토지처럼 활용할 수 있는 찬스가 생긴다. 물론 옆 공터를 내가 활용해도 되는 것인지의 유무는 현장답사 시 직감적으로 알 수 있을 것이다.

 같은 100평짜리 땅이라도 건물을 지을 수 있는 높이가 다를 수 있다.

예를 들어 관심을 갖고 있는 토지의 건축기준을 보니 건폐율이 60%에 용적률이 150%로 고시되어 있다고 하자. 100평짜리 땅에 건물을 지을 경우 1층, 즉 바닥면적은 60%(100평 기준 60평)를 초과할 수 없다. 왜? 건폐율이 60%이기 때문이다. 아울러 150%의 용적률이므로 몇 층짜리 건물이 되든 간에 전체 건축면적이 150평 이내로 제한된다.

이러한 원칙과 기준이 똑같이 적용되는 토지가 주변에 여러 곳 있다고 하더라도 어떤 곳에서는 최대 허용치까지 건물을 지을 수 있는 반면, 어떤 토지의 경우 허용치보다 한참 아래 수치에 맞추어 건물을 지을 수밖에 없는 상황이 발생할 수 있다. 이런 토지는 같은 평수라고 하더라도 주변 시세에 구입을 하게 되면 오히려 손해가 될 수도 있다는 점을 꼭 기억해야 한다.

이렇게 차이가 나는 이유는 무엇일까? 대개 이웃 건물과의 '일조권' 탓이거나 인접해 있는 도로와의 '사선제한' 때문이다. 만약에 인접해 있는 두 개의 토지가 있는데, 한 토지는 평당 500만 원의 호가를 유지하지만 똑같은 평수에 비슷한 조건의 토지로 보이는데 평당 300만 원을 부르고 있다면, 십중팔구 일조권 문제이거나 사선제한 등의 문제로 건축기준에도 한참 못 미치는 건축을 해야 하는 토지일 것이다(기준 및 자세한 사항은 다음 페이지에 설명되어 있다). 무조건 좋지 않다는 의미가 아니라 속아서 사면 안 된다는 말을 하고 싶은 것이다.

🏠 토지 구입 전 꼭 확인해야 할 서류

땅이라고 모두 같은 땅이 아니다. 토지 가격을 이야기하는 것이 아니라, 모든 토지는 각자의 용도가 이미 정해져 있다는 뜻이다. 이미 정해져 있는 땅의 용도에 따라 용적률이나 건폐율의 차이가 난다. 똑같은 면적의 땅이라고 해도 용도에 따라 5층을 지을 수도 있고, 2층밖에 올리지 못하는 곳이 있다. 이것이 바로 용도의 차이이고 우리가 반드시 알아야 할 기준이다.

기본적으로 땅에는 토지이용계획확인원과 토지대장, 건축물대장, 지적도, 토지 및 건물에 대한 등기부등본 등이 있다. 이를 통해 지역지구 등의 지정 여부와 높이제한 등의 공법상 기준을 살펴야 한다.

토지이용계획확인원		
토지를 관할하는 시장·군수·구청장이 발행하는 토지의 이용에 관한 계획을 확인하는 서류		

지목	대	면적	161.2 ㎡
계별공시지가 (㎡당)	1,860,000원 (2013/01)		
지역지구등 지정여부	「국토의 계획 및 이용에 관한 법률」에 따른 지역·지구등	도시지역 ,제2종일반주거지역(7층이하)	
	다른 법령 등에 따른 지역·지구 등	가축사육제한구역〈가축분뇨의 관리 및 이용에 관한 법률〉 ,대공방어협조구역(위탁고도:77-257m)〈군사기지 및 군사시설 보호법〉,비행안전제3구역(전술)〈군사기지 및 군사시설 보호법〉, 과밀억제권역〈수도권정비계획법〉 ,상수원보호기타(공장설립 제한지역)〈수도법〉,상대정화구역〈학교보건법〉 ,학교환경위생 정화구역〈학교보건법〉	
「토지이용규제 기본법 시행령」 제9조제4항 각호에 해당되는 사항			

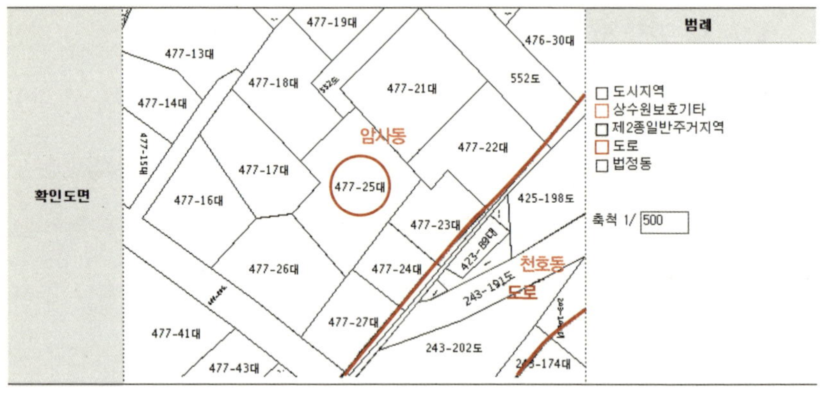

지역·지구 등의 지정내용, 지역·지구 내에서의 행위제한 내용, 지정된 곳에 따라 투기를 막기 위한 토지거래허가구역 유/무 그 밖에 국민들에게 내용을 미리 알릴 필요가 있는 사항 등이 포함되어 있다. 쉽게 이야기하면 각 토지마다 용도와 쓰임새 및 규제 등 대부분 사항을 모두 담고 있는 백과사전과 같다고 받아들이면 된다. 물론 토지이용계획확인원에는 나타나지 않으나, 해당 구에서 조례로 따로 정하는 것이 있지만 여기에서는 생략하겠다.

토지이용계획확인원에 수록되어 있는 내용 중 가장 중요한 것은 '도시관리계획' 항목에 있는 용도지역, 용도지구, 용도구역, 도시계획시설, 지구단위계획구역, 기타 항목으로 나뉘는 세부내용으로 이 중 '용도지역' 부분을 명확히 이해할 수 있어야 한다. 용도지역은 다시 도시지역, 관리지역, 농림지역, 자연환경보전지역 등으로 구분되는데, 이는 개인이 바꿀 수 있는 부분이 아니다. 즉 자연환경보전지역은 자연환경을 보전하는 데 무리가 없는 선

182

에서의 기준으로 허가사항이 있으며, 농림지역은 농림업을 보호하기 위한 허가기준들이 있기 때문에 자신이 찾는 용도지역이 맞는지를 반드시 확인해야 한다. 이러한 용도지역은 정부에서 20년 단위로 국토의 균형발전을 위해 결정고시하고 5년마다 재설정을 하고 있기 때문에 토지 투자를 하는 사람들은 미래를 예측하기 위해 애를 쓰기도 한다.

토지대장

토지의 성질을 한눈에 알아볼 수 있도록 해주는 서류

고유번호	1141011200-10056-0040		도면번호	5	발급번호	20041006-0474-0001
토지소재	서울특별시 서대문구 대현동	토지 대장	장 번 호	2-1	처리시각	23시 06분 33초
지 번	56-40 축 척 1:600		비 고		작 성 자	인터넷민원발급용

토 지 표 시			소 유 자		
지 목	면 적 (㎡)	사 유	변 동 일 자 / 변 동 원 인	성명 또는 명칭	등록번호
(08) 대	•6,628.4	(62)1964년7월3일 구획정리 완료	1964년10월22일 / (02)소유권보존	서울특별시	411
(08) 대	•6,628.4	(60)2003년11월26일 도로경계 지번신고	1988년9월10일 / (03)소유권이전	서울특별시서대문구	1119
(08) 대	•3,063.9	(20)2004년5월20일 분할되어 본번에 -147 내지 -150을 부함	2004년9월1일 / (03)소유권이전	서울 서대문구 대현동 56-40 대현제2구역주택재개발조합 외 1인	114571-0005921
		---- 이하 여백 ----	---- 이하 여백 ----		

등 급 수 정 연 월 일	1983년6월20일 수정	1984년7월1일 수정	1985년7월1일 수정	1986년8월1일 수정	1989년1월1일 수정	1989년8월1일 수정	1990년1월1일 수정	1991년1월1일 수정
토 지 등 급 (기준수확량등급)	79	210	214	215	222	227	239	243
개별공시지가기준일	2002년1월1일	2003년1월1일	2004년1월1일					용도지역 등
개별공시지가(원/㎡)	4,920,000	6,660,000	8,040,000					

토지대장에 의하여 작성한 등본입니다.

2004년 10월 6일

서울특별시 서대문구청

지적법 제9조에 따르면 토지대장이란 토지의 상황을 명확히 하기 위하여 토지의 소재, 지번, 지목(토지의 주된 사용목적), 면적, 소유자의 성명 또는 명칭, 주소와 주민등록번호, 고유번호, 도면번호와 필지별 대장의 장번호 및 축척, 토지등급 또는 기준수확량등급 등을 등록하는 장부를 말한다.

등기부등본은 소유자의 권리에 관한 사항에 중점을 두고 표제부를 간단히 두지만 위와 같은 대장은 토지의 성질을 한눈에 볼 수 있게 해준다. 토지의 주소에서 소유주와 토지등급 및 개별 공시지가까지 일목요연하게 정리되어 있다. 토지대장에서 유심히 살펴봐야 할 부분은 본인이 알고 있는 지번과 실제 토지대장상의 지번이 일치하는지, 그리고 토지대장상의 소유주와 실제 땅주인이 동일인인지 하는 것이다. 만약 토지대장과 등기부등본 상의 소유주 명의가 다르다면 그것은 등기부등본의 소유주 명의가 맞다고 보면 된다.

고유번호	1121510700-1-00440014	일 반 건 축 물 대 장 (갑)		장번호	1-1

대지위치	서울특별시 광진구 화양동	지번		명칭및번호		특이사항	
대지면적	177.2㎡	연면적	490.55㎡	지역	일반주거지역	지구	주차장정비지구	구역
건축면적	88.52㎡	용적율산정용 연면적	㎡	주구조	철근콘크리트조, 연와	주용도	근린생활시설, 주택	층수	지하 1층/지상 4층
건폐율	49.96%	용적율	199.82%	높이	11.9m	지붕	평스라브	부속건축물	동 ㎡

건 축 물 현 황					소 유 자 현 황			
구분	층별	구조	용도	면적(㎡)	성명(명칭) 주민등록번호 (부동산등기용등록번호)	주소	소유권 지분	변동일자 변동원인
주	지하1층	철근콘크리트조	근린생활시설	136.47		서울특별시 광진구		1996.09.30
주	1층	철근콘크리트조	근린생활시설	88.52				주소변경
주	2층	철근콘크리트조	근린생활시설	88.52				
주	3층	연와조	주택	88.52		- 이하 여백 -		
주	4층	연와조	주택	88.52				
		- 이하 여백 -						

30304-16631비 * 항목은 총괄표제부가 있는경우에는 기재하지 아니합니다. '97. 10. 9 승인   297㎜×210㎜ 인쇄용지260g/㎡

건축물대장은 건물이 있는 경우에 확인해봐야 할 서류로 건축물의 소재, 번호, 종류, 구조, 건평, 소유자의 주소, 성명 등을 표기한 것이다. 건축물대장에서는 토지대장과 지번이 일치하는지, 그리고 소유주가 동일한지를 확인해보아야 할 것이다.

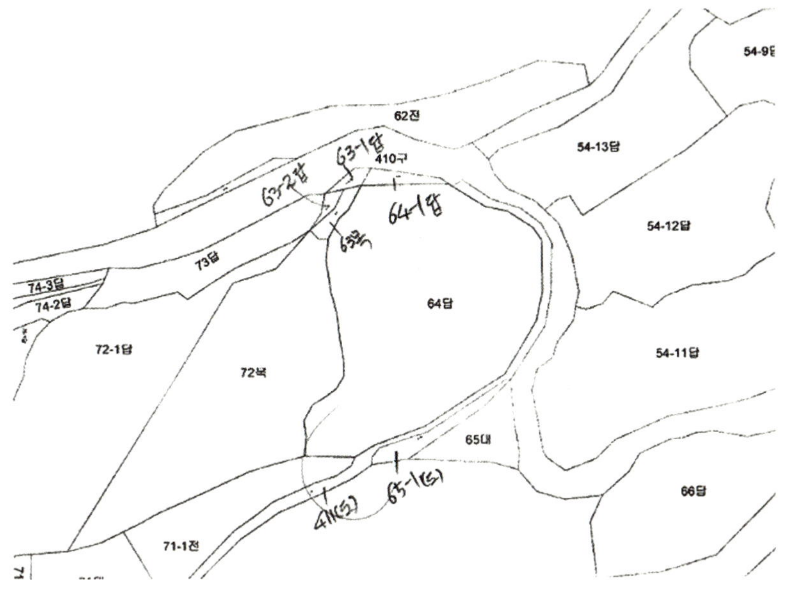

지적도에는 토지의 소재, 지번, 지목, 경계, 도면의 색인도·제명 및 축척, 도곽선(지적도의 작성 기준이 되는 구획선, 인접 도면과의 접합을 맞추는 기준선) 및 도곽선 수치, 좌표에 의하여 계산된 경계점 간 거리 등이 등록

되어 있다. 또 땅의 위치와 지번, 지목(용도에 따른 토지의 종류를 구분하여 표시한 것), 경계, 경계점 간 거리 등이 표시되어 있다.

지적도를 보면 땅의 모양과 도로와의 연접관계를 살펴볼 수 있다. 땅의 모양이 둥근지 길쭉한지를 한눈에 알 수 있고, 어느 땅과 접해 있는지 혹은 가장 가까운 도로가 어디에 있는지 등을 한눈에 살펴볼 수 있는 서류라고 보면 된다.

등기부등본

부동산에 관한 권리관계와 권리 객체인 부동산의 상황을 기재하는 공적 장부

(대지권의 목적인 토지의 표시)

표시번호	소 재 지 번	지 목	면 적	등기원인 및 기타사항
1	1. 서울특별시 강동구 고덕동 499	대	61365.2㎡	2012년1월19일

【 표 제 부 】 (전유부분의 건물의 표시)

표시번호	접 수	건물번호	건 물 내 역	등기원인 및 기타사항
1	2012년1월19일	제16층 제1603호	철근콘크리트구조 177.99㎡	

(대지권의 표시)

표시번호	대지권종류	대지권비율	등기원인 및 기타사항
1	1 소유권대지권	61365.2분의 89.2538	2011년12월29일 대지권 2012년1월19일

【 갑 구 】 (소유권에 관한 사항)

순위번호	등 기 목 적	접 수	등 기 원 인	권 리 자 및 기 타 사 항
1	소유권보존	2012년1월19일 제4802호		공유자 지분 2분의 1 허훈 790727-1****** 경기도 하남시 대청로116번길 25,101동 1305호(창우동,창우마을아파트)

보통 등기부와 등기부등본을 잘 구별하지 못한다. 하지만 '등기부'라는 것은 개개의 부동산에 관한 일정 양식의 등기용지를 모아놓은 장부로 등기

소에 비치되어 있으며, ‘등본’이라는 것은 원본의 내용을 증명하기 위해 원본의 내용과 동일하게 작성되는 것으로, 원본의 일부를 복사한 초본과는 다르다.

등기부등본이란 등기부의 내용을 등사한 문서로 토지나 건물의 소유자를 확인할 수 있으며, 은행담보대출 및 각종 채권의 설정사항 여부도 확인해 볼 수 있다. 다시 말해 등기부등본에는 가압류나 근저당 등의 권리관계에 대한 분석을 하여 특별히 인수해야 할 사항은 없는지, 혹은 해당 부동산을 두고 분쟁으로 인해 소송 중이지는 않은지 등을 확인할 수 있다. 등기부등본은 토지용과 건물용이 별도로 존재한다는 점을 혹시나 모를까 하여 이야기한다.

등기부등본을 통해 필요한 사항을 확인하는 과정에서 챙겨보아야 할 것은 ‘대지경계명시측량’이다. 대지경계명시측량이란 토지를 실제로 측량해보는 작업으로, 대한지적공사에 의뢰하면 전문가들이 측량과 함께 땅에 말뚝을 박아가며 표시를 해준다. 이 작업은 땅의 면적과 정확한 위치 등을 확인하는 과정으로, 매입하고자 하는 땅의 면적이나 다른 땅과의 경계를 정확히 파악하는 데 중요한 절차라고 할 수 있다.

건폐율이라는 것은 바닥면적 기준으로 땅의 몇 %까지 건물을 앉힐 수 있는가를 의미한다. 건폐율이 높아도 옆 건물과 나의 건물이 너무 근접해 있으면 일조량이 낮거나 화재 발생 시 옆 건물까지 옮겨 붙을 수 있고, 건폐율이 너무 낮아도 우리 인체의 치아가 듬성듬성 떨어져 있으면 보기 싫은 것처럼 흉하거나 토지활용도가 낮아지기 때문에 이를 적절히 규제하는 것이다.

용적률이라는 것은 높을수록 더 넓거나 더 높은 건물을 지을 수 있다. 건축물의 규모와 모양은 건폐율과 용적률이라는 2가지 지표에 의해 영향을 받을 수밖에 없다는 점을 꼭 명심하자. 환경보전이나 주변 경관과의 조화를 강조하는 곳이라면 건폐율과 용적률은 상대적으로 낮게 규제가 되는 반면, 신도시나 도심 상가지역과 같은 경우는 상대적으로 더 자유로운 기준을 적용받아 높게 책정된다. 번화가에 고층 건물이 줄줄이 들어설 수 있는 것도 이 높은 건폐율과 용적률을 적용받기 때문인 것이다.

공법상의 건폐율과 용적률을 아래 표와 같이 간단히 정리해 놓았으니 토지를 구매할 때 꼭 확인하도록 하자. 넓고 높게 지을수록 더 많은 임대수익이 보장되기 때문이다.

구분		준비서류	건폐율(〜이하)	용적률(〜% 이상 〜% 이하)
주거지역	1	제1종전용주거지역	50	50〜100
	2	제2종전용주거지역	50	100〜150
	3	제1종일반주거지역	60	100〜200
	4	제2종일반주거지역	60	150〜250
	5	제3종일반주거지역	50	200〜300
	6	준주거지역	70	200〜500
상업지역	7	중심상업지역	90	400〜1500
	8	일반상업지역	80	300〜1300
	9	근린상업지역	70	200〜900
	10	유통상업지역	80	200〜1100
공업지역	11	전용공업지역	70	150〜300
	12	일반공업지역	70	200〜350
	13	준공업지역	70	200〜400
녹지지역	14	보전녹지지역	20	50〜80
	15	생산녹지지역	20	50〜100
	16	자연녹지지역	20	50〜100
관리지역	17	보전관리지역	20	50〜80
	18	생산관리지역	20	50〜80
	19	개혁관리지역	40	50〜100
농림지역	20		20	50〜80
자연환경보전지역	21		20	50〜80

🏠 영원히 좋은 땅은 없다

역세권이나 대학교 부근 지역과 같은 경우는 현재도 임대사업을 하기에 좋은 곳으로 많이 인식되고 있다. 물론 부정하지는 않는다. 하지만 최근 들어서는 외부환경의 요인이 변화하면서 예전만 못한 형편이다.

대학의 경우 BTL(Build Transfer Lease, 임대형 민자사업) 방식의 사업을 통해 학교 내 기숙사 설치가 용이해졌기 때문에 이를 이용해 교내에 기숙사를 신축하는 대학들이 많아지고 있다. 아니나 다를까 그동안 대학교 주변의 다가구주택 및 원룸빌라들이 황금어장처럼 여겨졌지만 이제는 수요가 대학교 기숙사로 분산되자 경쟁이 치열해지고 있다. 대학교 입학식 날 학교 정문 앞에서 주변 집주인들이 모두 나와 팻말을 들고 월세경쟁을 하며 세입자 잡기에 바쁘니 말이다. 여기에서 시사하는 바는 수익의 파이가 작아졌다는 것을 뜻한다.

지하철 역세권은 어떨까? 교통 편의성 등으로 그동안 각광받아 왔고, 현재도 그러하나 해당 지역에 대한 높은 관심으로 인한 공급이 과잉되었다. 상대적으로 공급자 입장에서 수요가 부족해지자 임대료가 낮아져 투자금액 대비 수익성이 떨어져 그 매력을 다하지 못하고 있다.

대신 그동안 주목받지 못했던 일반 주택가 지역이 새롭게 떠오르고 있다는 점도 인식할 필요가 있다. 임대사업을 하기에 좋은 땅은 끊임없이 변하고 있다. 모두가 좋다고 하는 곳에는 항상 사람이 많이 몰리기 마련이고, 결국 시간이 지나 치열한 각축장으로 변하게 된다. 노점상이 아니다 보니 건물을 들고 옮겨갈 수도 없는 노릇이다.

이러한 관점에서 중요한 것은 경제학에 대한 이론적 기초가 반드시 필요한 것은 아니나, 부동산의 흐름과 그에 따른 움직임을 큰 눈으로 크게 내려다보아야 한다. 날카로운 직감과 통찰력이 필요하다. 어부가 파도와 바람을 느끼며 물고기의 떼를 직감적으로 찾아가듯이 말이다. 몇 가지 기사와 이야기들로 조합해보고 판단한다면 그것은 어리석은 짓일 것이다. 누구나 당신과 같이 판단할 것이기 때문이다.

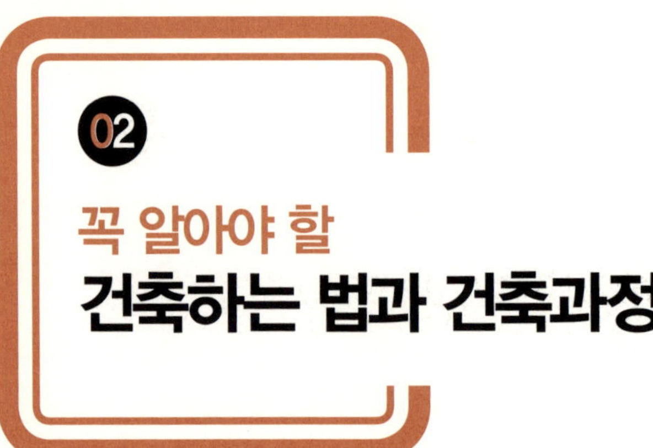

건축물을 세울 때 아는 것이 없으면 바가지를 쓰거나 계획대로 되지 않는다. 그래서 저자는 독자들이 이 글을 읽고 큰 가이드라인을 그림으로 그리고 있기를 바란다. 하나의 건축물이 완성이 되기까지는 보통 8단계로 나누게 된다.

1단계	착공준비(삽 들기)
2단계	기초공사(삽질 시작)
3단계	골조공사(공룡의 뼈처럼 형상 만들기)
4단계	외장공사(건물의 외부에 면하는 마감공사)
5단계	내부공사(방 만들기)

6단계	내장, 인테리어, 가전 등 설치공사
7단계	시공완료 단계
8단계	사용승인 단계

본격적인 건축에 앞서 '착공준비'와 '기초공사'가 가장 먼저 진행된다. 기초공사가 끝나면 기반 위에 '골조공사'와 '외장공사'가 시행되면서 건물의 골격이 드러나게 된다. 그 다음은 높게 솟은 건물에 옷을 입히고 속을 채우는 과정(내장, 인테리어, 가전)이다. 이 정도 진행이 되면 건축물로서는 갖출 것을 다 갖춘 셈이다. 하지만 아직까지 법적으로 건축물로서 자격을 갖춘 것은 아니다. 짓는 것은 쉽지만 사용하기 위한 준공 관련 절차가 복잡하게 남아있다. 보통 이때 머리가 굉장히 아프다. 자 그럼 지금부터 조금 더 구체적으로 단계별로 나누어 알아보도록 하자.

1단계 착공준비 상권분석을 통해 임대수요가 반영되어 있어야 한다.

착공을 하기 위해서는 건축사무소를 통해 설계를 의뢰하고, 그 결과물인 '계획 설계도면(가설계 도면)'을 가지고 의뢰인과 설계자 간의 협의를 거쳐 최종적인 설계도면을 완성하게 된다. 계획 설계도면을 완성하기까지는 약 1주일 정도의 시간이 걸리며, 완성된 도면을 바탕으로 건축주가 추구하는 설계 의도와 생각을 반영해가며 도면을 여러 차례 수정하면서 약 2주일에 거쳐 최종 확정도면이 만들어진다.

이미 직감으로도 알았겠지만 나의 생각에 맞추어 문제없이 잘 진행해 줄 수 있는 건축사사무소에 의뢰하는 것이 굉장히 중요하다. 건축사사무소 마다 잘할 수 있는 것과 많이 해본 것이 다르고, 장점과 단점이 모두 다르 기 때문이다. 그래서 저자의 경우 여러 건축사사무소에 의뢰하여 동시에 도 면을 받아보고 계약을 결정한다. 건축물이라는 것이 한번 짓고 나면 수십 년 간다는 것을 감안할 때 이 과정에서 시간과 노력을 들이는 것을 모두 아 까워하지 말아야 한다.

만약 가장 좋은 도면을 보여준 건축사사무소를 선택하면 그 외 선택받 지 못한 건축사들에게는 수고했는데 너무 미안해지는 것 아니냐는 질문을 할 때가 있다. 하지만 건축사사무소가 최종 설계계약을 따내기 위한 과정 의 하나로 사무소 입장에서도 흔히 있는 일이기 때문에 사전작업 차원에서 계획 설계도면을 제공하는 것을 당연하게 생각하므로 당당하게 활용하길 바란다.

설계과정에서 놓치지 말아야 할 가장 중요한 것은 당연히 상권분석이 다. 상권 분석에 기초한 임대 수요를 감안해서 원룸으로 여러 호수를 설계 할 것인지, 초등학교 앞이기 때문에 자녀를 둔 가족단위 임대수요를 받기 위해 호실마다 크게 설계할 것인지 결정해야 하기 때문이다. 또한 상권분석 을 통해 임대수요는 많지만 임대를 공급해주는 주택은 많이 부족하다는 판 단이 선다면 임대를 위한 방을 많이 만들어야 할 것이고, 임대공급량이 많 아 집주인들의 치열한 경쟁이 예상된다면 설계 방향을 바꿔야 할 필요도 있기 때문이다.

이러한 과정을 거쳐 최종 완성도면이 나왔다면 그 도면을 첨부해 시·군·구 등 담당부서에 건축허가 신청서를 제출해야 하는데, 이것은 건축사사무소에서 대행을 해주니 준비해야 할 서류만 준비해주면 될 것이다. 서류 제출 후 7일 이내에 허가 여부가 결정된다. 담당부서에서는 도면을 받아보고 도시계획이나 일조권, 건물 고도 및 건폐율과 용적률 등 공법상 위배가 되는 부분이 없는지 검토한 뒤 보완할 것이 없다면 허가가 날 것이다.

건축허가가 나고 나면 언제부터 건축시공을 하겠다는 '착공계'를 제출해야 한다. 이때 주거용으로만 하는 경우라면 건축면적 660㎡(200평) 이상, 그리고 상가가 함께 있는 건물이라면 496㎡(150평) 이상일 때 건축주에 의한 직영 공사가 불가능하다. 이 정도 규모의 건축일 경우 종합건설 면허가 필요해서 전문업체인 건축회사에 맡겨야 한다. 따라서 시공비가 상승하게 되니 미리 알고 있도록 하자.

착공계를 제출하기에 앞서 산재보험과 고용보험을 미리 신청해두어야 한다. 산업재해보상법 제6조 및 고용보험법 제8조에 의거, 연면적이 100㎡(30.3평)를 초과하는 건축물의 신축과 증축에 대하여 근로복지공단에 산재보험 및 고용보험을 의무적으로 가입해야 하기 때문이다. 이에 따라 도면과 건축허가서를 근로복지공단에 가져가면 보험료율을 산정해서 금액이 확정된다. 보험계약자는 건축주로, 근로복지공단에 신청하면 된다. 하지만 이것을 부담스럽게 생각할 필요는 없다. 사실 예기치 못한 사고를 당했을 때 그에 따른 보상부담을 생각한다면 말이다.

다음은 건축기간 동안 사용할 전기선 인입을 위해 한전에 임시전기 신청을 하는 것으로, 이는 전기시공업자가 관련 업무를 맡아 처리하는 것이 일반적이다. 다만, 공사기간 동안 불편을 감수해야 하는 이웃 주민들을 고려해 그들로부터 생길지 모를 민원에 대한 사전정지작업은 가급적 건축주 본인이 직접 하는 것이 좋다. 이러한 작업의 일환으로 미리 찾아가 양해를 구하고 인간적으로 관계를 맺어두면 좋겠다. 하지만 저자는 친근한 맛이 조금 없는 스타일이라 그러지는 못했다.

건축과정에서 마음고생이 가장 큰 사람은 당연히 건축주 본인이다. 주변에서 혹시나 민원이라도 들어올까 건축주의 입장은 언제나 노심초사하는 것이 일반적이기 때문에 그럴 때는 그냥 나도 '일반인이라 일반적 스트레스가 오는구나' 정도로 정신적 스트레스를 감소시키도록 하자.

보충 포인트

1. 설계의뢰, 완성도면 관할건축과 제출 → 7일 이내 결재 통보
2. 착공계 제출
3. 산재보험시청
4. 임시전기 신청
5. 민원사항 점검
6. 공사 관련자 협의(공사 종류별 협력업체와 사전 협의 후 공사 진행)

2단계 기초공사 설계도면에 철저한 시공

대지 위에 집을 짓는 경우라면 신경 쓸 것이 덜하겠지만, 기존의 건축물을 허물고 새로 짓는 경우는 신축에 앞서 기존의 구옥을 철거하는 작업이 먼저 이루어져야 한다. 이 과정이 끝나야 기초공사를 시작할 수 있다. 기초공사는 토목공사 및 기반시설공사로 이루어지는데, 건축 부지정지작업인 터파기와 이어지는 기초측량 작업, 버림 콘크리트 작업 및 배선·배관 공사 등이다.

버림 콘크리트를 이해 못하는 분이 있을 수 있을 텐데 '밑창 콘크리트'라고도 불린다. 이 작업을 하는 이유는 먹매김을 하기 위해서인데, 먹매김은 건축공사에서 먹통, 먹물, 실(먹줄)을 이용하여 기초, 기둥, 옹벽 등이 세워질 곳에 표시해두는 작업을 말한다. 이렇게 흙바닥 위에 콘크리트를 부어넣는 작업이 끝나게 되면 그 위에 본격적인 건축 공정이 진행된다.

기초공사의 핵심은 철저히 설계도면에 기초하여 차질 없이 진행하는 것에 있다. 구체적으로 설비도면(위생·난방), 골조도면, 전기통신도면 등 실제 도면에 준하여 정확한 시공이 이루어져야 한다. 이 과정에서 목수, 전기·설비 시공업자와 철근 시공업자 등이 유기적으로 협력하여 차례대로 진행되게 하는 것이 중요하다.

각자의 역할을 할 전문 인력들이 서로 잘 맞지 않고 삐걱될 경우 현장에서는 '대마찌 난다'는 표현을 쓴다. 한마디로 호흡이 잘 맞지 않아 뒤죽박죽 되는 경우를 말하는데, 이런 일이 생기면 공정에 차질을 주기 때문에 공사

기간을 맞추기 어려워진다.

시간만 늦어지면 그래도 다행인데 비용 인상과 함께 준공 후 임대수익 확보 시점도 덩달아 늦어지기 때문에 계획된 수익에 긍정적인 영향을 미칠 수 없다. 따라서 건축을 의뢰한 사람이라면 이들 인력 중 어느 쪽에 병목현상이 있는지의 여부와 이들 간에 애로사항을 지켜보며 감독해야 할 것이다.

1. 토목공사 및 기반시설공사(전기, 정화조, 배수관, 석축공사 등)
2. 기초공사 도면에 의한 기초공사 여부 확인

3단계 골조공사 인건비 계산의 개념과 안전사고

골조공사가 시작될 때부터 본격적으로 건축 현장에 자재가 들어오는 것을 볼 수 있다. 골조공사에 사용되는 자재 중 거푸집(형틀) 등의 기본 자재의 경우 골조공사를 도맡을 목수가 본인 소유의 것을 가져와 사용하겠지만, 철근이나 레미콘, 스티로폼 등은 건축주가 직접 조달해야 한다.

대금 결제는 선불 혹은 후불 등 상황에 따라 적절히 지불방법을 선택하면 될 것이고, 납품계약의 경우는 현장에 찾아오는 영업직원이나 건축백화점 등의 매장을 통해 자재를 직접 구매할 수 있으니 참고하길 바란다.

다음으로는 철근의 가격이다. 철근의 경우는 가격이 들쭉날쭉하기 때문에 구매 시점을 잘 정해야 한다. 환율변동에 따른 철근 가격의 변화가 심하기 때문에, 세심한 구매를 요한다.

골조공사 과정에서 가장 비중을 많이 두어야 하는 것이 바로 목수다. 목수의 인건비는 건축면적 즉 '평당 단가'에 따른 도급식으로 결정된다. 만약 200평 규모의 건축을 한다면 평당 40만 원으로 8000만 원이 되는 것이다. 보통 목수 한 사람에게 지불을 하면 되며 목수들이 데리고 다니는 인력들에게는 별도로 돈을 지불하는 것이 아니니 이 점을 꼭 기억하자. 이 인건비는 공시기간과 관계가 없으며 얼마나 많은 인력이 일을 하는지도 관계없이 목수와 당초에 계약한 8000만 원이 인건비 전부이니 특별한 경우를 제외하고 따로 더 인건비를 지불하는 일은 없도록 하자.

골조공사 시 안전사고가 발생 빈도수가 굉장히 높다. 건설 인부의 안전은 물론이고 보행자들의 안전에도 주의를 해야 할 것이다.

보충 포인트

1. 자재량 확인 검수
2. 골조 감리 및 보완
3. 기초공사나 골조공사 중 설계방법 변경 시 설계자와 협의하여 최종 결정하기

4단계 외장공사 외벽 마감재료가 핵심

골조공사가 끝나면 이어서 외장공사가 시작된다. 외장공사라는 것은 점토벽돌이나 석재 혹은 드라이비트 등으로 건물의 바깥면을 마감하는 공정작업이라고 보면 된다. 재료값이 높은 순으로 정리하면 석재 〉점토벽돌 〉드라이비트 순이다. 드라이비트는 재료값이 상대적으로 낮지만 방습성이 뛰어나다. 드라이비트 시공이라는 것은 마감 공사의 한 형태로 스티로폼과 같은 단열재를 부착하고 플라스틱 그물망(메시)으로 고정시킨 후 접착력이 강한 도료와 시멘트를 혼합한 성분으로 마감하는 공법을 말한다. 또 한 가지 장점이 있다면 색상을 다양하게 활용할 수 있다는 점이다. 그러나 외부 충격에 상대적으로 약하고 건축 연도가 지날수록 색이 쉽게 바래진다는 단점이 있다.

이에 비해 점토 벽돌의 경우 따뜻하고 친밀한 느낌이 건물에서도 그대로 드러난다는 점에서 매력이 있다. 단점으로는 자연스럽고 거친 질감이 만족스럽게 느껴지기는 하지만 물기를 빨아들이는 벽돌의 특성상 방수 시공이 관건이 될 것이다.

보충 포인트

석재, 점토벽돌, 드라이비트의 3가지 마감재료 중 자신에게 맞는 재료를 신중히 선택한다.

5단계 내부공사 흠집 하나가 속 썩인다.

외장공사를 마치고 나면 바로 내부공사에 착수한다. 내부공사란 설비, 전기, 가스, 창호, 타일, 미장 등과 관련된 공정을 말한다. 바닥에 보일러 배관과 온수를 포함한 급수 배관을 시공하는 것도 모두 내부공사에 포함된 것이니 참고하자.

간혹 공사기간을 단축하려고 외장공사와 내부공사를 함께 진행하는 경우가 있는데 어떤 이유든 추천하지 않는다. 외장공사를 끝낸 후 내부공사를 해야 하는 가장 큰 이유는 내부공사 불량률과 하자율이 굉장히 낮아지기 때문이다. 예를 들어서 점토 벽돌로 마감하는 건물의 경우 외장공사를 할 때 점토 벽돌을 쌓아올리는 조적작업이 진행되는데, 이 과정에서 조적에 필요한 점토 벽돌은 건물 내부를 통해서 공급된다. 이때 인부가 벽돌을 등에 지고 층계를 올라와 창틀 가까운 곳에 거칠게 내려놓거나 던지면, 점토 벽돌의 충격으로 내부 배관에 흠이 생기거나 심지어 파손이 된다. 뿐만 아니라 조적작업 과정에서 점토 벽돌의 파편이 실내에 날아들고 날카로운 파편이 내부 설비에 균열이나 흠을 생기게 만든다.

이런 균열과 흠은 공사 당시 눈으로 발견하기도 힘들고, 모든 공사가 완료되고 뒤늦게 알아차렸을 시 골칫덩어리가 된다. 배선이나 배관에 실핏줄처럼 생긴 균열과 흠은 또한 바로 드러나지 않는다. 문제는 공사가 완료되고 새집에 사람들이 입주하면서 시작된다. 원인을 알 수 없는 누수, 장마철도 아닌데 눅눅해진 벽지와 장판 등 도대체 원인을 찾을 수 없는 일들이 발생한다면 건축주로서 굉장히 속상할 것이다.

속상하면 끝나는가? 임차인들은 당장 수리를 해주지 않으면 이사 가겠다고 한다. 공사를 해주자니 장판을 걷고 바닥을 파헤쳐 콘크리트로 덮는 작업 등이 다시 필요하니 그 비용이 또 만만치 않다. 공사를 해주지 않으면 이런 저런 문제 많은 집으로 중개업소에서도 손님들에게 권유해주지 않아 임대수익은 점점 멀어져 갈 것이다. 건축 과정에서 아주 작은 선택 하나로 이렇게 속 썩일 수 있다는 점을 꼭 명심하자. 여러분이 언젠가 건축을 한다면 어떠한 경우에도 외부공사와 내부공사를 동시에 함께 진행하는 일은 없도록 하자.

1. 설비, 전기, 가스, 창호, 타일, 미장 등의 공사
2. 각 공정이 원활하게 진행될 수 있도록 일정관리
3. 외부공사와 내부공사는 차례대로 진행

6단계 내장, 인테리어, 가전 등 설치공사 각 분야별 전문인력이 전담하기

이전 단계까지의 과정이 주택으로서 기본적인 구조와 환경을 갖추는 것이었다면, 이번 단계는 월세를 주고 살게 될 임차인이 집을 보러 왔을 때 마음을 빼앗을 수 있는 장치이자 포장이라고 보면 된다. 그래서 요즘은 빌트인(가구, 집기 비품류를 건물 신축과정에서 일체화하여 설치해 넣는 것)을 꿩

장히 중요시한다.

TV까지는 아니더라도 최소한 세탁기, 냉장고, 에어컨, 가스레인지 일체형 싱크대, 붙박이장, 신발장은 있어야 하며, 단순히 배치해 둔다는 개념에서 더 나아가 디자인과 기술면에서 임차인들의 눈과 마음을 충족시켜 줄 수 있는 품목들로 경쟁을 한다. 만약 풀옵션 개념으로 간다고 하면 TV와 침대 등이 있을 수 있겠다.

이런 내장공사는 분야별로 전문인력이 투입되며 이들이 직접 건축 현장을 찾아와 치수를 재고 사이즈를 적아 가며 맞춤형 제품 제작에서 시공까지 담당하게 된다. 건축과정은 기술적인 과정이었다고 하면 이런 내장, 인테리어와 가전공사는 감각이다. 얼마나 임차인들의 편의와 감성을 충족시켜 줄 수 있느냐에 따라 월세가 조금 비싸더라도 공실률이 적고 회전율이 높은 주택이 될 것이다.

보충 포인트

1. 붙박이장, 싱크대, 신발장 등을 맞춤형으로 계획적 시공
2. 가전제품 설치(에어컨, 냉장고, 세탁기 등)

7단계 시공완료 준공검사를 받기 위해 반드시 거쳐야 하는 절차

내장공사가 실질적 공정이 완료되면 마감에 해당하는 과정이 기다리고 있다. 법적 기준을 맞추기 위해 주차장 라인을 그리고 조경도 기준에 맞추

어야 한다. 이러한 숙제들은 설계도면에 이미 언급되어 있을 것이므로 구체적으로 어떤 나무를 몇 그루 심어야 하는지까지 자세히 기대되어 있을 것이다.

배수필증과 통신필증의 경우는 관련 시·군·구의 담당 공무원이 현장에 나와 하나하나 검사한 후 발급한다. 청구 업무는 전기 시공업자와 설비 시공자가 대행해주므로 건축주는 일련의 과정을 파악하고 있는 것으로 충분하다. 시공완료 단계에서 진행되는 모든 과정은 준공검사를 받기 위해서 반드시 필요하다. 또한 주차표시란 및 주차라인 등이 들어간 사진자료 등도 마련해 준공검사 관련 서류에 꼭 첨부하도록 하자.

건축사의 현장조사는 2012년부터 관련법이 개정되어 별도 감리를 받아야 할 것이다. 이전까지는 설치를 담당한 건축사무소에서 감리업무를 병행하였지만, 2012년 이후로는 다른 건축사사무소가 감리 업무를 맡도록 되어 있다. 이에 따라 준공 신청 시에 건축사협회에서 지정한 건축사 사무소에서 현장조사를 한 후 사용승인을 내리는 것으로 절차가 변경되었으니 알고 있도록 하자.

1. 주차장과 법으로 정해진 조경 등 부대공사
2. 배수필증, 통신필증, 가스공급 확인서, 사진자료 등 준공관련 첨부서류 준비
3. 타 건축사의 현장조사, 검사, 확인작업 등

8단계 **사용승인** 취등록세 납부

마무리 과정이다. 타 건축사사무소에서 현장조사를 한 후 특별한 문제가 제기되지 않을 시 검사서에 날인을 해준다. 이를 첨부해서 해당 관청에 사용검사를 신청하면 약 3일 내에 사용승인이 나게 될 것이다. 이로써 불법건축물이 아닌 온전한 건축물로서 중개업소에 방을 내놓고 임차인의 입주가 가능해졌다.

부동산의 취득세란 매매, 신축, 상속, 증여, 교환 등의 방법으로 유상과 무상을 가리지 않고 취득하는 것을 의미한다. 취득세 내에는 지방세인 농어촌특별세와 지방교육세가 포함되어 있다. 보존등기와 취등록세 납부업무는 가까운 법무사사무소를 통해 신청하면 된다. 쉽게 말해 '보존등기'라는 것은 '건물 출생신고'다. 첫 건물에 대한 소유권취득등기라고 보면 될 것이다.

그럼 취등록세 납부는 언제까지 해야 할까? 주택을 취득한 날로부터 1개월 이내 관할 자치단체인 시·군·구청에 신고하고 고지서를 받아 납부하면 된다. 가까운 은행에서 수납을 대행하기 때문에 은행을 이용해 납부하면 편리하다.

한 가지 주의해야 할 것은 기한을 넘길 경우 20%의 가산세가 추가되므로 기한을 꼭 엄수하길 바란다. 기한을 산정하는 기준은 취득일인데, 이 취득일이라는 것은 주택의 경우 계약서에 표기된 잔금지급일이 기준점이 되어 이로부터 한 달 이내라고 보면 된다.

하지만 건물을 새로 짓는 신축의 경우라면 사용검사일이 기준이 되니

둘 사이의 다른 점도 숙지를 하도록 하자.

1. 지정된 타 건축사사무소의 현장조사 후 문제가 없을 시 사용승인 완료
2. 사용승인이 난 후 입주 가능
3. 보존등기 및 취득세 납부

03

작은 대지 200% 활용법

토지를 사서 집을 지어 팔기만 하면 대박이 나던 시기가 있었다. 면적이 230㎡(약 70평) 전후의 대지 구입 후, 건축면적 132㎡(약 40평) 전후의 다세대주택이나 연립주택을 짓기만 하면 분양 걱정은 없었던 그 시절에는 아파트보다는 조금 저렴한 가격에 내 집 마련을 할 수 있다는 강점이 있었기 때문에 군이 아파트 재개발을 기다리지 않고도 내 집을 마련하는 것이 어렵지 않았다.

그렇게 약 20여 년의 아파트 재개발과 연립주택이 양립하는 시간이 지나고 아파트 재개발이 둔화된 현재, 다세대나 연립주택을 지을 만한 토지를 찾아보기가 쉽지 않고, 65~100㎡(약 20~30평) 정도 규모의 땅을 가지고 있는 건축주들은 재개발을 기다리다 꿈이 무산되는 경우가 많다.

작은 땅에 지어진 초라한 집을 리모델링하기에는 기존의 주택 규모가 너무 작고, 그렇다고 무산된 재개발을 기한 없이 기다릴 수만은 없는 일이다. 어떻게든 주거환경을 개선하긴 해야 되는데 신축을 하기에는 자본도 부족하다. 가장 최악의 경우는 도로의 폭이 좁거나 대지가 작아 주차장 설치가 불가능하여 건축비를 뽑을 만한 건축 규모를 만들기가 굉장히 어려울 때이다.

이런 작은 토지를 200% 활용하기 위해서는 건축법을 최대한 활용할 줄 알아야 한다. 건축법에서 주택은 50㎡(약 15평) 이하, 근린생활시설은 65㎡(약 20평) 이하의 경우 주차대수가 각각 0.5대 이하이므로 주차장을 설치하지 못하지만, 건축행위는 할 수 있다.

다행히 대지의 입지가 좋아서 도로사선이나 일조권의 제약을 받지 않을 수 있다면 대지가 65㎡(약 20평)밖에 되지 않더라도 1층에는 약 40㎡(12평) 정도의 상가를, 2층에는 40㎡(12평) 규모의 1+1룸 주택을 지어 1층의 상가에 월세를 준다면 어느 정도 건축비에도 보탤 수 있을 것이다. 또 2층 주택의 층고를 조금 높게 짓는다면 차후에 지붕 속에 작은 다락방이라도 만들 수 있어 최대한 주거공간을 확보할 수 있으니 참고하길 바란다. 이처럼 건축법을 알면 작은 대지라 하더라도 내게 맞는 최적의 건축공간을 만들 수 있음을 잊지 말았으면 한다.

부동산 투자자로서 꼭 알아야 할 개념

앞으로 30년 간
부동산시장의 변화

주식투자를 하든 부동산 투자를 하든 혹은 다른 실물자산에 투자를 하든 모든 재테크의 기본은 '부가가치에 대한 이해'이다. 이 부가가치의 관점에서 앞으로의 30년간 부동산 시장을 조심히 예측해본다.

토지를 예로 들어보자. 토지는 제한적이기 때문에 더 이상 생겨날 수 없는 재화다. 이 토지를 활용해 얼마나 많은 부가가치를 창출하느냐가 곧 그 토지의 가격이 될 것이다. 인류의 가장 오래된 자산인 토지는 인간의 활동과 산업구조 변화와 항상 맞물려 상관관계를 가지고 가치가 변화해왔다. 과거 유목민에게 땅은 어떤 가치가 있었을까? 아마 짐승에게 풀을 뜯게 하는 것 이상의 가치를 부여할 수 없었을 것이다. 유목민에게 부가가치란 토지를 많이 가진 사람이 아니라 양이나 말의 수였을 것이다.

하지만 농경사회에서 토지의 가치를 보자. 이제는 토지를 통해 작물을 생산하게 되었다. 토지에서 얻은 곡물의 양이 부의 가치를 결정하는 한 가장 유용한 부가가치는 농사지을 땅이 되었다. 하지만 택지의 가치는 농토에 따른 거주지의 분산으로 상대적으로 평가가 절하된다.

그리고 시간이 지나 산업화가 진행되면서 부의 중심은 곡물이 아닌 공산품으로 이동했다. 이제부터 토지는 공장을 지어 얻을 수 있는 기회비용만큼만 가치를 가지게 된다. 조금 더 시간이 지나 공장 내 인력들의 거주를 위하여 공장을 중심으로 한 거주가 집단화되고 상업활동이 늘어나면서 도시가 형성되었다. 이때부터 생산시설인 공장이나 상업시설에 근접한 거주용 토지의 부가가치가 접근성에 따라 덩달아 상승하면서 상대적으로 농지의 가격은 하락하기 시작했다.

그리고 인구가 급격히 증가한 현대에 들어서는 생산시설을 중심으로 한 토지 가격보다는 거주의 집단화로 인한 주변 택지의 가치가 월등히 상승하게 되었고, 가족의 분화가 지속화되면서 택지의 수요는 급속도로 불어났다.

그렇다면 앞으로 부동산의 가격은 어떻게 변화될까? 인구구조는 앞으로 10년 안으로 독립세대의 급격한 감소를 가져오게 될 것이다. 주택보급률이 100% 초과된지는 오래고, 기존에 공급된 주택은 그대로 남게 되어 심각한 문제가 발생하게 될 것이다. 10년 안이 아니라 지금부터도 한 부모에게서 겨우 1.2~1.3명의 자녀가 독립하게 되고 한 해 결혼하는 세 쌍의 부부 중에서 최소 두 쌍이 각자의 부모에게서 집을 물려받게 될 것이다.

이 논리로 따지면 결혼한 부부 다섯 쌍 가운데 세 쌍은 2채의 집을 물려받게 되어 새로 집을 사지 않아도 오히려 한 채의 집을 처분해야 하는 상황이 온다는 것이다. 이러한 결과가 초래하는 풍경은 기존의 주택 가운데 절반은 슬럼화되거나 빈집으로 남게 되고, 새로 지어지는 주택은 20만호가 되든 30만호가 되든 간에 기존 주택은 빈집으로 남게 될 것이다.

더불어 인구가 고령화하여 생산시설을 운영할 청년층이 감소하게 될 것이 분명하기 때문에 우리가 북한과 통일이 되지 않는 한, 기존의 생산시설 역시 앞으로 더욱 감축되거나 인력이 풍부한 해외로 이전하게 될 것이다. 자, 그러면 어떤 그림이 그려지는가?

주택뿐만 아니라 공장부지의 수요마저도 급격히 위축될 것이고, 전체적인 부동산의 부가가치가 급락하게 될 것이다. 또한 기존 세대의 자산이 연금화되거나 기금화가 되어 금융자산이 증가하는 만큼 부동산 자산의 비중이 급속도로 줄어들게 될 가능성이 높다. 이는 4차 산업인 투자금융산업이 급팽창하는 결과를 초래하게 되지 않겠는가? 결국 산업의 속성상 다시 인력이나 토지 이용의 필요성을 감소시키는 악순환으로 이어지는 것이다. 지금 당장부터 우리나라가 맹렬히 출산율을 높인다고 하더라도 최소한 30년은 생산 인구의 감소와 노령인구 증가에 따른 부담과 갈증으로 인한 사회문제에 시달리게 될 것이다.

자, 이제 당신이 부동산 투자를 지금부터 시작한다는 전제하에 자본수익과 임대수익을 성공적으로 기대수익만큼 이루기 위해서는 어떻게 투자해야 할 것인가? 고민해 보아야 한다. 토지나 인력 등에 의존하는 기존의 시스템에 맞추어 가치를 지닌 포인트를 본능적으로 찾고 단순히 그러한 이유만으로 투자하게 된다면 그 결과가 참담해질 수도 있다는 것이다.

공인중개사의 경우 앞으로 상당히 축소될 것이며, 경매시장의 물량은 장기곡선을 그리라면 많아질 것이다. 경쟁자 수는 현재보다 적어질 것이고, 낙찰가는 현재보다 하향조정이 될 것이다. 사회·경제적으로 보았을 때 좋은 현상은 아니지만 이러한 상황에서도 경매투자를 잘하는 개인들은 지속적으로 경매제도로 수익을 얻을 수 있다.

아파트 값이 올라도
부자가 못 되는 이유

재미있는 이야기를 하나 들려주려 한다. 우리가 아파트 한 채를 사서 가격이 올랐을 시 그것이 수익이 아닐 수 있다. 그 이유는?

1억짜리 아파트가 주변에 1만 채가 있다고 가정한다. 그런데 주변의 10집이 아파트를 사고팔다가 1억짜리 아파트가 2억짜리 아파트가 되어버렸다. 그렇게 되면 9990집은 그냥 그 집에서 살았을 뿐이데, 연말이 되면 국세청에서 집값이 2배로 올랐으니 세금을 좀 더 내라고 이야기한다. 이후 또 10집이 사고팔다가 아파트가 3억이 되었다. 그러면 나머지 9980집의 사람들은 어깨가 으쓱해지고 마음도 싱숭생숭해진다.

'우리 아파트가 3억이 되었단 말이야?'

다음 날, 아침 출근길에 버스를 기다리다가 버스가 5분만 늦어도 바로 와이프에게 전화를 하게 된다.

남편 여보, 우리 차 한 대 뽑자!

아내 우리 연봉으로는 아직 차 살 때가 아닌데…….

남편 연봉은 낮아도 아파트값 올라서 2억 벌었잖아. 2억 벌었는데 3000만 원짜리 차 한 대 사면 좀 어때?

이렇게 차를 한 대 샀다.

여러분은 이 소비에 대해 어떻게 생각하는가? 이 사람의 마음은 부자가 된 것처럼 마음이 들떠있다. 하지만 2억은 실제 돈이 아니고 장부상 숫자에 불과하다. 3000만 원을 지출한 것은 진짜 돈이고!

그렇다면 장부상의 돈은 어떤 것일까? 집값이 10배 오르든 100배 오르든 진짜 부자 되는 사람은 3%밖에 없다. 집을 2채 이상 가진 사람이다. 집을 2채 가진 사람은 올랐을 때 한 채를 팔아서

돈으로 바꿀 수 있다. 그런데 집이 한 채 있는 사람은 어떨까? 한 채를 가진 사람은 1억짜리 아파트가 100억이 되어도 그 집을 팔고 다른 곳으로 가려고 하면 또 100억을 줘야 하지 않은가? 1억짜리가 1000만 원으로 떨어져도 또 다른 집을 가면 1000만 원을 주고 살 수 있다(물론 지역마다 상승률과 하락률이 다르지만 이 개념은 꼭 알고 있는 것이 좋다).

사실 집값이 오르든 내리든 기분상 부자가 되었다가 가난하게 되었다가 바뀌는 것인데, 문제는 기분상 부자가 되었을 때 진짜 돈을 써버린다는 것이다. 그것은 바로 저축하고 아끼는 등 근로소득을 귀하게 모을 기회를 뺏겨버리는 것이라는 사실을 기억하길 바란다. 적어도 이 책의 독자라면 이 정도는 알고 실수를 하지 않아야 저자의 자존심도 산다.

다가구주택 투자 시
조심해야 할 함정

다가구주택은 주택으로 인정받아 취등록세도 아낄 수 있고, 한 건물 내 여러 세대가 있으므로 임대수익을 목적으로 한 투자로서 상당히 유용한 대상이다. 또한 내 땅 위에 내 건물이라는 점에서 건물이 감가상각되어도 토지의 가치가 있기 때문에 미래에 자본수익 면에서 손해 볼 일도 상대적으로 상당히 적다.

이런 좋은 투자대상에 큰 함정이 있다. 바로 대출문제이다. 다가구주택 건물을 일반 매매로 구입하는 사람의 경우는 중개업자를 통해 미리 담보대출이 가능한 범위에 대해 상담을 받기 때문에 실수 전에 알아차릴 수 있지만, 경매를 통해 값싸게 시세 대비 50~60% 금액으로 낙찰받을 수 있는 장점이 있는 이유는 바로 대출문제 때문이다. 많은 분들이 이것을 몰라 잔금을 납부하지 못하고 입찰 시에 법원에 제출한 최저매각가격의 10% 금액인 입찰보증금을 날리는 일을 수두룩하게 본다.

지금부터 피해야 할 함정인 경락잔금대출의 범위가 결정되는 논리를 설명해주겠다. 경매는 일반적으로 대출이 낙찰가의 80%가 나온다는 것은 부동산 투자 초보자들도 알고 있다. 현금투입이 적어지고 레버리지(지렛대효과/대출)를 많이 이용할 수 있기 때문에 경매의 손꼽히는 장점이기도 하다. 결국 현금 투입이 작으니 월 대출이자가 크게 높지만 않으면 임대수익률도 2배 이상으로 올라가게 된다. 하지만 이 상식이 바로 함정이다.

부동산에는 주택임대차보호법(상가의 경우는 상가임대차보호법에 적용된다)이라는 것이 있다. 주택임대차보호법 내에 바로 '소액임차인최우선변제'라는 제도를 통해 경매가 넘어갔을 시 해당 부동산 임차인의 보증금을 순위와 상관없이 최우선으로 지역별로 정해놓은 금액만큼 배당해주는 제도이다.

현재의 소액임차인 최우선변제금액 2014~	
서울특별시	3200만 원까지 최우선 배당
과밀억제권역	2700만 원까지 최우선 배당
광역시	2000만 원까지 최우선 배당
기타 지역	1500만 원까지 최우선 배당

임차인들을 위한 최우선변제제도가 있다면 은행입장에서 생각해보자.

서울특별시에 소재한 다가구주택을 5억에 낙찰받았고 그 건물 내에 15개의 호수가 있다. 정상적이라면 대출이 80%인 4억이 나와야 한다. 하지만 은행은 바보가 아니기 때문에 대출이 가능한 80%의 금액인 4억에서 미래에 자신보다 선순위로 배당을 받아갈 수 있는 권리자들을 제외하고 대출해줄 것이다. 그럼 15개의 호수로 계산해보자. 계산을 해보면 15개의 호수×3200만 원이면 얼마인가? 바로 4억 8000만 원이 된다. 대출가능금액 4억에서 4억 8000만 원을 뺄 수나 있는가? 결국 대출이 되지 않는다.

그럼에도 불구하고 대출이 가능한 방법이 있다. 제3금융권(캐

피탈 등)을 통하여 80~90%까지를 연 금리 7%대에 받을 수 있다. 하지만 '신탁등기 조건'이라는 점이 문제가 된다. 신탁등기를 하게 되면 소유권이 신탁회사에게 넘어가게 되고, 대출금을 갚기 전에는 소유권을 이전받을 수 없다. 결국 소유자의 권리로 임대를 줘서 임대수익으로 대출금 이자를 납부하고 남은 잉여로 임대수익을 유지해 나가야 한다는 뜻이다. 하지만 소유자가 아니니 소유권을 가진 신탁회사로부터 임대를 놓을 수 있는 권한을 받기가 여간 까다로운 것이 아니다. 이를 모르고 일반인들이 함정에 빠져 낙찰을 받고도 잔금납부를 하지 못한 채 입찰보증금을 날려 종잣돈만 손실시키는 경우가 허다하다. 경매를 통해 임대수익 목적의 다가구주택을 낙찰받고자 한다면 반드시 대출의 범위부터 꼼꼼히 체크해야 할 것이다.

NPL(부실채권) 뜬다고
아무나 돈 벌지 못해

요즘은 카카오톡을 통해 투자와 관련된 여러 이야기들을 나누다 보니, 다양한 질문들이 쏟아진다. 그중 NPL(부실채권) 투자와 관련된 것이 많다.

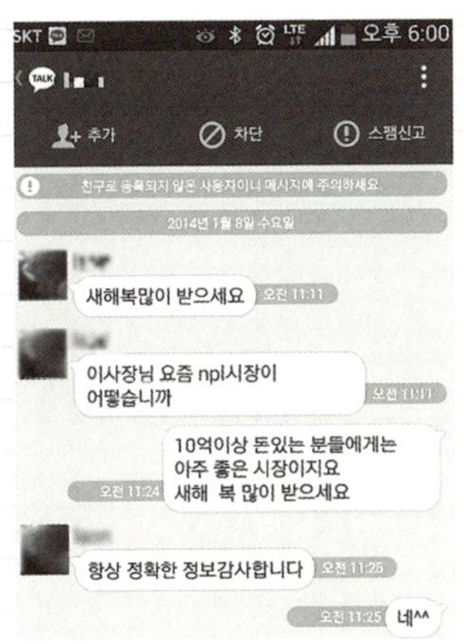

질문자는 요즘 'NPL시장'에 대해서 물었고, 나는 '10억 이상 돈 있는 분들께는 아주 좋은 시장'이라는 간단한 답변으로 마무리했다. 왜 그런 말을 했을까?

NPL이라는 부실채권 투자의 구조에 대해 알아보자. A라는 아파트가 시세 2억을 하고 있고 A아파트에 대해서 B금융권이 담보대출로 근저당권을 설정하면서 1억 5000만 원을 대출해주었다고 가정하자. 어느 날 갑자기 집주인이 대출이자를 납부하지 못하여 B금융권은 경매를 신청하게 되었다. 그런데 경매가 진행되기까지의 절차와 기간이 상당히 소요되고, 경매 매각과정에서 자꾸만 유찰이 되어 최저입찰가가 떨어진다면 낙찰가가 낮아 배당금으로 받는 금액이 빌려준 원금보다 작아 손실을 볼 수도 있다. 은행은 예대마진의 적절한 비율 유지도 중요하지만, 적절히 채권이 회수되어 돌아가야 유지가 되기 때문에 유동화전문회사 등에 이자는 뒤로 하고 채권을 원금금액에 팔아버리는 것이다. 이때 유동화전문회사와 같은 단체는 채권을 구입해 와 직접 입찰에 참여하여 낙찰받은 후, 채권금액만큼을 상계처리하여 잔금납부 후 수익을 거둘 수도 있지만 그전에 개인에게 채권을 파는 방법을 취한다.

이제 보도록 하자. 원금 금액에 B금융권으로부터 채권(근저당권)을 구입해 이전받은 유동화전문회사가 이익을 보는 선에서 마진을 붙여 개인에게 매각을 할 때 그 대상이 아파트라면 어떨까? 아파트와 같은 동종·유사의 여러 호수가 있는 물건은 과거의 경매낙찰 데이터가 있기 때문에 거의 정확하게 어느 선에서 낙찰이 되는지 알 수 있다. 그 말은 채권을 매입해놓은 채로 가만히 기다리다가 경매 매각절차를 통해 낙찰이 되어도 원금+은행이 받아야 할 이자수익까지 채권자로서 얼마 정도의 금액을 배당받아 이익을 취할 수 있는지 계산이 된다는 것이다. 그럼 유동화전문회사는 수익을 목적으로 하기 때문에 개인에게 팔고자 한다면 예상되는 낙찰가보다 더욱 높게 팔아야 기회비용면에서 더 수익을 올릴 수 있을 것이다.

이러한 현상이 발생하면 어떤 결과가 자주 발생을 할까? 과거에 한 지인께서 계양구 효성동에 위치한 현대아파트의 근저당권을 유동화전문회사로부터 채권을 매입하여 수익을 보고자 한다고 상담을 신청했다. 유동화전문회사에서 매각협의 금액은 2억 1000만 원이다. 그리고 낙찰가가 높다면 해당채권에 미납된 이자연체액까지 포함하여 최대 2억 2000만 원까지 배당받을 수 있다. 그럼 최소 수익을 보고자 한다면 1순위 채권이라고 하더라도 최우선변제 배당금액을 빼고 낙찰가가 2억 4000만 원 정도는 되어야 내게 배당으로 마진이 떨어진다는 것이다. 그런데 과거 낙찰사례를 살펴보니 다음과 같았다.

2012-90834 (인천7)

용도	아파트
감정가	260,000,000
최저가	182,000,000
낙찰가	205,580,000 (79.1%)
낙찰일	2013/04/04 (응찰 : 7명) / 진행 : 2회 (유찰 : 1회)
총면적	토지:33.1㎡(10.01평) 건물:84.6㎡(25.59평)

인천 계양구 효성동 200-1 현대 401동 8층 803호 [새벌로112번길 12]

똑같은 평수와 비슷한 층과 향을 가진 401동 803호가 경매에서 7명이 응찰하여 2억 500만 원에 낙찰이 되었다. 그럼 결과는?

채권은 2억 1000만 원이었는데, 최우선변제채권이 있다면 배당금이 1억 8000만 원 정도밖에 되지 않는 것이다. 만약 채권을 구입했다면 이 사람은 약 3000만 원의 손해를 보았을 것이다. 이게 바로 NPL부실채권을 구입하여 수익을 보고자 하는 개인의 비애이거나 저주이다.

그렇다면 우리는 어떻게 NPL투자를 해야 할까?

1. 2금융권 또는 3금융권의 채권을 1:1 다이렉트로 채권을 매입해오는 루트를 만들어 유통과정 마진을 없앤다.

2. 10억대 이상의 근린상가, 근린주택, 토지 등으로 동종 유사물건을 통해 정확한 예상낙찰가 산정이 조금 어려운 물건을 싸게 구입해와 마진을 남기는 방법이다.

왜 가능할까? 유동화전문회사뿐만 아니라 금융권에서도 정확한 예상낙찰가를 산정하기 어렵기 때문에 더욱 싸게 채권을 매입해올 수 있다. 이에 뒷받침되어야 하는 것은 매입해오고자 하는 채권의 부동산에 대해서 아주 철저하고 객관적인 분석을 굉장히 밀도 있게 해 낙찰가를 잘 산정해야 한다는 것이다. 이것은 실력에 달려 있다.

위 2가지의 방법이 아니고서는 NPL도 역시나 '세상에 공짜 없다', '만만한 것이 없네', '남는 것도 없어' 이러한 한탄밖에 나올 수 없을 것이다.

05

왜 금리에 대한 이해가 필요한가?

    부동산 투자를 하고자 하면 금리에 대한 이해는 필수가 될 것이다. 부동산은 분명히 금융지식에 따라 좌우되며 수익성도 달라지기 마련이기 때문이다. 금리라는 것은 시간에 대한 기회비용이다. 조금 깊이 이야기하면 사회적 자산은 시간이 흐를수록 자연스레 증식이 되어 가는 것이고, 자산을 보유한 자는 그것을 이용해 자산을 더욱 늘려나가야 하기 때문에 역사적 발전의 측면에서 보았을 때 미덕이기도 하며 합목적적이다.

    자산은 인류의 발전과 함께 지속적으로 확대되고 증식되어 왔다. 원시시대 때부터 현재의 이르기까지 상상해보길 바란다. 이렇게 인류의 자산은 끊임없이 증가하는 우상향 곡선을 그리게 되어 있다. 언젠가 인류의 자산이 더 이상 증가되지 않고 감소한다면 그것은 현생 인류의 내리막이 시작되는 순간이 될 것이다.

금리라는 것은 바로 이것을 매 순간 자산가치의 가능성으로 수치화해서 보여주는 잣대이며 시간을 사고파는 결과라고 보면 된다. 시간이란 곧 돈이다. 그렇기 때문에 우리가 실물자산을 보유하고 있다면 장기적으로 그 가치는 항상 증가하는 반면, 종잇조각인 화폐를 장롱 속에 보관하고 있다면 화폐가치는 이 실물자산의 가치 증가분만큼 하락하게 된다. 이것이 바로 인플레다. 과거에 100원을 주고 사먹을 수 있었던 아이스크림이 10년이 지나 현재는 700원을 주어야 사먹을 수 있는 논리다. 100원이라는 화폐의 가치가 하락했다는 뜻이다.

결국 우리는 사회주의를 찬양하는 마르크스주의자가 아닌 이상 자산을 잘 굴려야 하고, 또 그것을 잘 굴리는 것을 기본적으로 사회에 옳은 일이라고 생각해야 한다. 그런데 문제가 바로 이것이다. 자산을 무조건 굴린다고 해서 나에게 이익이 되는 것은 아니다. 실물자산 예를 들어 부동산을 지속적으로 보유하고 있다면 장기적으로는 그 평균 가치가 반드시 증가하기는 하지만, 막상 돈을 굴릴 때는 평균 이상으로 수익을 보거나 반대로 큰 손해도 볼 수 있다.

다시 말해 고평가되어 있는 물건을 구입하여 화폐로 교환할 때 평가가 저평가 되어 손해를 봐 재테크의 결과가 실패로 돌아갈 수 있다는 것이다. 때문에 자산을 가치의 평균 증가분 이상으로 좀 더 많이 혹은 더 빨리 불릴 안목과 능력을 갖춘 사람의 경우는 대출을 받아서라도 투자에 나서려고 하지만, 그만한 자신이 없는 사람의 경우는 그 돈을 능력 있는 사람에게 빌려줌으로써 최소한 평균 수준의 자산증식을 유지하기 위해 노력하게 된다. 바로 이것이 대부업이다.

돈이란 손에 쥐고 있으면 가치가 떨어지고 잘 활용을 하면 기하급수적으로 늘려나갈 수 있으며, 그 반대의 경우는 전부 잃을 수도 있다. 이것이 바로 돈의 매력이다. 이 이자율은 자본주의 사회에서 좀 더 빠른 수단을 제시하고 있다. 중세와 근대 사회주의의 발전이 더뎠던 가장 큰 이유는 바로 이 이자율을 경멸했기 때문이고, 자본주의의 발달은 곧 이자율이라는 수단을 경제성장의 중심으로 활용해 왔기 때문이라고 봐도 과언이 아니다.

부자는 이자율에 대한 기본적인 철학을 갖고 있다. 그래서 지금 부자가 아닌 사람들도 이자율을 중심으로 경제현상을 바라보려고 많이 노력해야 한다. 철학적으로 가난한 사람은 현재에 만족하지 못하고 돈을 벌기 위해 갈망하는 자이고, 부자란 돈을 더 벌려는 마음이 없으며 현재의 자산을 유지하고 관리하기 위해 애를 쓰는 자로 생각해 볼 수 있다. 이자율로 부자와 가난한 자를 생각해보면 부자란 '이자율을 기준으로 경제 현상을 바라보는 자'이며, 가난한 자는 '경제적 결정을 하는 순간에 이자율보다 더 중요한 고려사항이 있는 자'로 생각해도 별 무리가 없을 만큼 이자율에 대한 이해를 위해 많은 노력을 해야 할 것이다.

부자가
더 부자가 되는 이유

상상을 한번 해보자. 지금 100억이 있다고 가정한다. 그리고 당신은 지금 유전개발에 투자를 하려하고 있다. 유전개발을 위해 시추공을 한 번 뚫는데 100억의 비용이 발생한다. 유전개발을 해 성공을 했을 시 100억 투자금액 대비 100배이지만, 성공할 확률은 10%밖에 되지 않는다. 만약 당신이 10%의 확률에 전 재산을 걸어 성공한다면 리스크를 모험으로 극복한 사람으로 TV에 나오겠지만, 10명 중에 9명은 일용할 양식을 찾아 파고다공원에 앉아있어야 할 것이다. 끔찍하지 않은가. 이것은 '투자'가 아니라 '투기'다.

하지만 2000억 원의 자산이 있는 사람이 100억짜리 유전개발에 투자를 하려 한다. 이 사람은 투기가 아니다. 왜? 열 번 중 한 번으로 100배의 수익을 거둘 수 있기 때문에 마땅히 1000억을 쏟아 부을 수 있는 계획을 한 것이고 이것이 바로 투자이다. 그래서 부자는 더 부자가 되고 늘 계획의 범주 안에 들어 있어 계속적으로 부가 늘어나게 되는 것이다. 반대로 가난한 사람은 리스크를 모험으로 극복하지 못하고 거지가 되거나, 늘 연 금리 2.9%의 적금으로 헐떡거리며 인플레도 방어하지 못하는 수익을 거두게 된다.

그렇다면 우리는 어떤 투자를 해야 할까? 왜 부동산 투자나 주식투자 하는 사람이 직장을 그만두지 못할까? 직장은 지속가능한 수익이기 때문이다. 주식이나 부동산처럼 들쭉날쭉 한 것이 내 인생을 보장해주지 못한다는 것을 누구보다 잘 알기 때문이다.

투자란, 나를 던져 리스크로 모험하는 것이 아닌 꼭 필요한 생계비 외에 잉여자금으로 하는 것이다. 만약 실패해도 나는 온전하게 남아있을 것이다. 이것이 투자이고 계획이다. 잉여자산이 없다면 잉여자산을 만들 때까지 절대 투자하지 않겠다고 결심하길 바란다.

부자와
가난한 자의 차이

상대적 욕망에서 허우적대다

부라는 것은 기본적으로 허상(虛像)을 충족시키는 것이다. 이 허상을 채우기 위한 욕심덩어리들이 나를 끊임없이 세상을 곁눈질하게 하고 괴롭힌다. 나의 '자아'가 절대적 빈곤상태에서는 현재의 상태를 벗어나기 위한 갈망을 한다. 예를 들어 TV가 있는 집을 부자로 여겼던 시절이 있었다. 그때 우리는 TV를 갖고 싶다는 생각을 했지 남들보다 더 좋은 TV를 사고자 하는 갈망은 없었다. 그저 TV가 있는 것만으로 행복했다. 하지만 세상 사람들이 모두 TV를 갖게 되자 더 이상 TV를 팔 수 없는 제조기업은 상대적 욕망의 정곡을 찌르는 CF를 만든다.

'당신의 집에 있는 TV는 월드컵 때 축구공이 밖으로 튀어나옵니까?'

인간은 상대적 욕망을 추구하는 동물이기 때문에 멀쩡한 TV를 폐기하고, 3D TV로 바꾸고 싶어진다. 3D TV를 가진 사람이 부럽기 때문이다. 즉, 타인의 밥그릇에 대한 시기와 질투가 시작되는 것이다.

대개의 사람은 다른 사람의 영역을 훔쳐볼 때 스스로 빈곤하다고 느낀다. 우리는 자신의 빈곤감이나 부자에 대한 갈망이 늘 나를 고통스럽게 할 것이라는 것을 알면서도 절제하거나 통제하지 못한다. 그렇기 때문에 길거리를 걷다가 주차된 BMW를 볼 때, 가까운 사람이 부모에게서 큰 재산을 물려받았을 때, 누군가 부동산을 통해 대박을 터뜨렸다는 등의 이야기를 듣게 되면 잠시 가라앉아 있던 부자에 대한 갈망이 마구 솟구치는 것을 생활 속에서 심심치 않게 경험하게 된다.

그러다 보니 로또를 사게 된다. 특별히 부자가 될 수 있는 조건과 환경을 갖추지 못한 반복적인 일상 속에서 부자가 될 수 있는

특별한 기회를 노리는 것이다. 나 혼자만의 대박을 기대하며 고민한 여섯 개의 숫자를 찍지만 결과를 보면 늘 허탕이다. 누군가가 같은 회차에서 200억 원을 손에 쥐었다는 소식이 들려오면 왠지 모를 허탈함이 몰려온다. 더 나아가 그 대박의 주인공이 우리 옆집 이웃이라면? 그 박탈감은 갑자기 몇 배가 되고, 잠이 오지 않는다. 하지만 그의 당첨금이 만약 10억 원 정도였다면 심리는 또 다르다. 그것은 당첨자가 여러 명이라는 것이다. 이렇게 되면 로또를 사느라 날려버린 1만 원이 그리 아깝지 않게 여겨지게 된다.

그 이유는 '기대이익'에 대한 생각의 차이 때문이다. 이것은 다른 사람이 당첨이 되었어도 내가 생각했던 200억 원 만큼의 큰돈이 아니었으니, 당첨이 되지 않았어도 그리 아쉽지 않다는 보상심리가 위로하게 되는 것이다. 부동산 투자자들 중 이런 보상심리의 행태가 늘 나타난다. 이렇게 세상을 곁눈질하는 마음으로 투자를 하면 올바르고 현명한 결과를 얻기 어렵다.

화려한 유혹 앞에 실패하는 자산투자

우리는 평상시 올바른 상식을 갖고 재테크에 대해서 평상심을 유지하며 살아간다. 내 소중한 돈이 걸려 있기 때문에 웬만해서는 남의 말에 귀가 얇아지지 않으며, 솔깃한 소문을 들어도 쉽게 흔들려 섣불리 투자하지 않는다. 왜 그럴까? 노동을 통해 저축의 가치를 충분히 느끼며 살아왔고, 그것이 익숙해져 있기 때문에 관심은 많아도 실행하는 데는 어려움이 따르기 때문이다.

그럼에도 불구하고 늘 주변의 상황이 변화하는 것에 민감해하며 스트레스를 받는다. 저축만이 살 길이라는 신념을 갖고 지내던 평범한 회사원이 주변에서 부동산으로 대박을 터뜨리거나 꽤 훌륭한 수익률로 재미를 보고 있다는 소식을 접하거나, 퇴근 후 뉴스에 부동산에 대한 여러 무용담들이 장식된다면 갑자기 마음이 초조해진다. 지금 당장이라도 투자하지 않으면 큰 후회를 할 것 같은 생각이 나를 덮친다.

결국 마지막 순간에 평상심을 유지하지 못하고 부동산 재테크에 뛰어들게 된다. 차라리 저축의 신념을 유지하며 끝까지 유혹에

흔들리는 마음을 잘 잡고 있었다면 돈을 잃지는 않았을 것이다. 이미 투기꾼들은 상당히 수익을 내고 난 뒤에, 머니게임의 마지막 불꽃이 화려하게 활활 타오를 때 재테크에 뛰어드는 것이다.

재테크라는 것은 밀려왔다 쑥 빠지는 파도처럼 늘 순환하는데 그 이치를 깨닫지 못한 채 눈앞의 논리에만 사로잡혔다는 이야기다. 이렇게 뛰어든 순간 밀려왔던 파도가 다시 쑥 들어가 듯 머니게임은 막을 내리게 된다. 부동산에 대한 붐을 바라볼 때 늘 조심해야 한다는 점을 명심해야 할 것이다. 이것은 부동산뿐만 아니라 모든 투자환경에서 마찬가지이다.

그리고 정말로 안타까운 것은 머니게임이 끝나는 마지막 순간에 뛰어들어 손해를 봤다는 그 자체가 아니라, 그 상황을 정확히 이해하지도 못하고 받아들이지도 못하는 데 있다는 것이다. 진실은 언제나 작게 속삭인다. 온 국민에게 TV를 통해 떠들어대며, 호재를 잡기 위해 몰려드는 수요자들로 인해 동네 중개업소 장사가 아주 잘되고 있을 때 투자를 한다면 희생양이 될 가능성이 높다.

그렇다면 붐이 일어날 조짐을 어떻게 캐치할 수 있을까? 이게 바로 정보의 비대칭성인데 보통 우리가 접하는 결과론적인 정보들은 정보가 아니다. 따라서 프로가 아니라면 지나온 과거들을 리뷰하고 대부분 붐이 일어날 것이다라고 예상하지 못할 때, 자신의 정리된 시각에서 조합하여 뛰어들어야 한다.

현재의 김포를 예로 들어보자. 서울과 경기, 인천 모두로 뻗어나갈 수 있는 인터체인지 부분이 작은 마을처럼 일부만 개발이 되었다. 물론 그곳이 김포에서는 가장 비싸다. 하지만 그 주변에 미개발지는 앞으로 어떻게 될까? 설사 주변이 택지개발과 함께 추가적인 개발이 이루지지 않는다고 하더라도 최소 대단지 몇 개는 생길 것이고 그에 따른 기반시설들이 들어오게 될 것이다. 2018년에는 지하철이 들어올 예정이다. 강남까지 가는 데 시간도 상당히 단축될 것이다.

여기에 서울, 경기, 인천 모두 출퇴근이 용이해진다면? 여러 기업체들이 자리를 잡아가기가 쉬울 것이다. 김포 주변으로 더욱 많은 인구들이 생겨날 것이다. 이 수요를 보고 건설사는 아파트를 또 짓기 시작하여 거주수요가 늘어나니 당연히 대형마트, 백화점, 대학병원 등의 편의시설들이 수익성 계산에서 좋다고 여겨지는 시점이 올 것이다. 그럼 주변 기반시설들이 자연스레 들어오기 시작한다. 그때는 김포시 땅값과 아파트는 현재와 가격과 얼마나 차이가 날까? 김포시의 한강 근처 아파트는 또 어떨까? 이러한 상상이 가장 현실화되기 쉬운 곳이 현재 김포이다. 이것이 안목이고 직감이고 동시에 합리적 판단이다.

부자는 흔들리지 않으며 인내할 줄 안다

저자는 강남, 과천, 울산, 부산 등에서 수많은 부동산 부자들을 만나왔다. 그들의 공통점은 첫 번째로 인내심이 굉장하다는 것이다. 그들은 상대방이 자신보다 더 많은 수익을 올려 부를 축척하더라도 전혀 마음에 동요가 없다. 역시나 부동산 투기로 부동산시장이 요란해져도 부화뇌동하지 않는다. 그들은 자신이 목표 이상의 수익을 확보했다면 그 어떤 아쉬움도 남기지 않으며, 미련 없이 시장에서 발을 뺀다. 즉 다른 사람의 투자수익률에 전혀 무관심하다. 위에서 말한 바와 같이 상대적 욕망 앞에서 허우적대지 않는다는 이야기다.

하지만 부자가 되기 위해 갈망하는 사람들은 자신의 계획과 목적에 관계없이 혹은 자신이 얼마를 벌었는지와는 상관없이 타인이 얼마를 벌고 있는지를 더 의식하고 비교하며 기웃기웃된다. 그러니 직장동료들과 술 한잔하며 대화를 나누다가도 옆 동료가 "나 이번에 어디 투자해서 재미 좀 봤어. 이만한 수익률이면 진짜 괜찮지 않아?" 하면 상대적 박탈감을 느끼곤 한다. 그러고는 자극을 받아 그와 같은 수익성상품에 투자하기 위해 또 다시 애를 쓰기 시작한다. 안타깝게도 그 순간 이미 시장은 성숙기에 진입해 있기 때문에 남은 것은 퇴조뿐이라는 것도 알지 못한 채 말이다.

불필요한 돈은 절대 쓰지 마라

이것은 주변에서도 쉽게 볼 수 있다. 부자들은 불필요한 돈을 절대 지출하지 않는다. 그들은 자본의 속성을 이론이 아닌 본능적으로 알고 있으며, 잘못된 판단으로 큰 손실을 보는 것도 감수할 줄 알고 있다. 하지만 불필요한 비용으로 작은 손실이 생기는 것에 굉장한 불쾌감을 느낀다. 이런 성향의 사람들은 어떤 투자를 할까? 이들은 리스크를 감수해야 하거나 이익을 확률적으로 보장하는 투자는 철저히 무시하며 배척한다.

왜 그럴까? 가격이라는 것은 눈사람과 같다. 눈을 굴리면 끝도 없이 크게 키울 수 있다. 그렇게 만든 대형 눈사람도 어느 순간 흔적도 없이 녹아내려 사라져 버린다. 가격이라는 것은 그런 속성을 갖고 있다. 부자들은 그것을 잘 알고 있는 것이다.

나와 당신의 차이

나는 부동산 투자에 있어서 '전문가'라고 불린다. 독자분들은 스스로 '초보'라고 이야기한다. 만약 그게 진실이라면 그 차이는 무엇일까?

전문가라고 하더라도 투자 후 수익성은 정확하지 않을 수 있다. 또한 미래의 부동산 가격에 대한 예측도 불가능하다. 모든 투자가 그렇듯 상승과 하락을 반복하는 시장에서 흐름을 타면 일시적으로 높은 수익이 날지 몰라도 그 행위가 지속되면 목표했던 수익률은 모든 자산의 장기적 수익률의 평균만큼 회귀하게 된다.

나는 전문가를 이러한 방향을 말하는 사람들이라고 본다. 전문가는 오랜 경험과 내공으로 '시장은 예측할 수 없다'는 사실을 초보자보다 잘 알고 있다. 그래서 부동산 투자 포인트의 방향을 알려주고 바람이 남쪽으로 불면 파란 깃발을, 북쪽으로 불면 빨간 깃발을 들어준다. 북풍이 불다가 남풍이 불기 시작할 때 10분이 지나서도 남풍이 불 것이라는 것은 합리적인 판단이기 때문이다. 그래서 전문가들은 남풍이 불면 파란 깃발을 들 줄 알고, 초보자들은 남풍이 불 때 다음에는 북풍이 불어올 것이라고 생각하는 사람이다. 결국 모멘텀을 설명하는 해설자가 곧 전문가이다.

또 다른 관점에서 전문가와 투자가의 차이는 직접 투자하지 않은 사람과 투자하여 상황에 빠져 있는 사람의 차이다. 그래서 실제 투자에서 전문가의 생각이 일부라도 유용하다면 그것은 전문가가 안목과 보는 눈이 다르기 때문이 아니라, 상황에 매몰된 사람과 직업상 그것을 객관적으로 봐야하는 사람의 차이일 뿐이다.

객관적인 눈을 갖고 청신호와 적신호 혹은 노란 신호의 깃발을 들며 투자자의 판단을 도와야 하거늘, 저자를 포함한 부동산 및 경매컨설팅 분야의 적지 않은 전문가들이 초보자들의 편에 서서 의견에 맞장구치며 자신의 수익에만 집중하고 있으니, 초보자들은 늘 많은 관찰과 고민을 한 뒤 컨설팅을 받는 것이 좋을 것이다.

축구경기를 예로 들어 이야기하면 경기에 임하는 선수들은 자신 스스로가 지금 어떤 플레이를 하고 있는지 경기 전체를 조망할 수 없을 것이다. 단지 갈고 닦은 실력대로 경기규칙에 맞추어 최선을 다하고 있을 뿐이다. 하지만 해설자를 한번 생각해보자. 해설자는 선수들의 전체적인 흐름과 전략이 보이며, 선수들의 움직임을 관찰할 수 있다. 그리고 방향성이 보인다. 경기를 시청하는 사람들을 위해 상황을 이해할 수 있도록 도움을 준다. 그런 점에서 저자 역시 그런 해설자 정도에 지나지 않는다. 경기를 즐기는 것은 나의 몫이다.

정리하면 어떤 투자를 하든 전문가의 이야기를 단지 객관적 관찰자의 이야기로 참고하면 될 것이다. 그리고 전문가의 이야기는 실제 경기에 영향을 미치지 않는다는 점을 명심하자!

부동산경매컨설팅기업 (주)우리옥션 WWW.WOORIAUCTION.NET
정직과 원칙을 중요시하는 바른기업 (주)우리옥션의 부동산경매컨설팅
원스톱대행 회원 20% 할인권
본 할인권을 사용할 수 있는 서비스 안내 : 보고서신청회원 / 정회원 / VIP회원 WWW.WOORIAUCTION.NET
시리얼번호 GGTY5555
부동산경매컨설팅기업 우리옥션

부동산경매컨설팅기업 (주)우리옥션 WWW.WOORIAUCTION.NET
정직과 원칙을 중요시하는 바른기업 (주)우리옥션의 부동산경매컨설팅

※ 할인권 이용방법
① 우리옥션접속(www.wooriauction.net / 네이버검색: 우리옥션)
② 회원가입(담당컨설턴트가 있을 시 담당컨설턴트 선택 후 가입)
③ 원스톱대행 클릭
④ 신청하기 클릭
⑤ 쿠폰번호 입력 후 신청(입력 시 자동으로 할인된 금액으로 변동)
⑥ 쿠폰번호 적용 시애도 신용카드, 실시간계좌이체, 무통장입금 가능

쿠폰이용 문의: 1544-3984

부동산경매컨설팅기업 No.1
부동산경매컨설팅기업 우리옥션